HR实战学堂：
劳动争议案例办理实务

王伟杰 侯世霞 孙建帅◎主编

HR SHIZHANXUETANG
LAODONGZHENGYI ANLI
BANLISHIWU

经济管理出版社
ECONOMY & MANAGEMENT PUBLISHING HOUSE

图书在版编目（CIP）数据

HR 实战学堂：劳动争议案例办理实务/王伟杰，侯世霞，孙建帅主编 . —北京：经济管理出版社，2018. 1

ISBN 978 - 7 - 5096 - 5651 - 8

I. ①劳… Ⅱ. ①王…②侯…③孙… Ⅲ. ①劳动争议—处理—案例—中国 Ⅳ. ①D922. 591. 5

中国版本图书馆 CIP 数据核字（2018）第 015839 号

组稿编辑：曹　靖
责任编辑：杨国强　张瑞军
责任印制：黄章平
责任校对：张晓燕

出版发行：经济管理出版社
　　　　　（北京市海淀区北蜂窝 8 号中雅大厦 A 座 11 层　100038）
网　　址：www. E - mp. com. cn
电　　话：(010) 51915602
印　　刷：三河市延风印装有限公司
经　　销：新华书店
开　　本：720mm × 1000mm/16
印　　张：15. 5
字　　数：213 千字
版　　次：2018 年 3 月第 1 版　2018 年 3 月第 1 次印刷
书　　号：ISBN 978 - 7 - 5096 - 5651 - 8
定　　价：58. 00 元

目　录

第一章　劳动关系确立纠纷

第二章　劳动合同纠纷

第三章　劳动报酬和休息休假

第四章　工伤认定及工伤保险待遇

第五章　劳动关系其他内容

第一章

劳动关系确立纠纷

案例 1-1

劳动关系还是劳务关系

【案情】

叶某于 2014 年 9 月 10 日开始在某晚报的发行公司担任投递员，从事某晚报的征订、投递及其他物品配送工作。晚报发行公司发给叶某加盖有其公章的《工作证》，并签订为期两年的《劳务责任协议书》，内容包括：晚报发行公司委托叶某提供的劳务是在某地区发行站从事报纸投递、收订报纸及送水、回收废报纸等工作；晚报发行公司视工作岗位需要确定叶某的工作时段，并在叶某按要求完成工作任务后支付劳务费；晚报发行公司为叶某购买人身意外保险，叶某如以自由职业者身份在户口所在地的劳动和社会保障部门缴纳基本养老保险后，可凭缴费收据向晚报发行公司领取 100 元/月的社保补贴，叶某不得以任何理由向晚报发行公司提出有关社保方面的要求。2014 年 10 月 9 日，叶某参加了晚报发行公司组织的"公司基层骨干训练营"。经考核认定，叶某初步掌握了业务开拓、客户服务、员工激励及基层管理的相关技能，晚报发行公司发给叶某结业证书。晚报发行公司于 2014 年 11 月 15 日制定《发行站投递员工作考评制度》，对包括叶某在内的发行站投递员在工作纪律、服务质量、发行业绩、投递线路横向产品业绩四个方面进行考评。

2015 年 9 月 21 日，叶某与该晚报发行公司因工作关系发生纠纷，叶某向劳动争议仲裁委员会提出仲裁申请。

【评析】

本案争议的焦点是，叶某与某晚报发行公司之间是劳动关系还是劳务关系。

劳动关系是指劳动者与用人单位（包括各类企业、个体工商户、事业单位等）在实现劳动过程中建立的社会经济关系。劳务关系是指提供劳务的一方为需要的一方以劳动形式提供劳动活动，而需要方支付约定的报酬的社会关系。

　　劳动关系与劳务关系之间的共同之处是一方提供的都是劳动行为，所以在一些情况下很容易被混淆。但是事实上劳动关系和劳务关系有着本质的不同，其不同之处主要表现在以下几点：

　　（1）规范和调整劳动关系与劳务关系的法律依据不同。劳动关系由《劳动合同法》规范和调整，而且建立劳动关系应签订书面劳动合同。劳务关系由《民法通则》和《合同法》进行规范和调整，建立和存在劳务关系的当事人之间是否签订书面劳务合同，由当事人双方协商确定。

　　（2）主体不同。劳动关系中的一方应是符合法定条件的用人单位，另一方只能是自然人，而且必须是符合劳动年龄条件，且具有与履行劳动合同义务相适应的能力的自然人；劳务关系的主体类型较多，如可以是两个用人单位，也可以是两个自然人，还可以一方是单位，另一方是自然人。

　　（3）当事人之间在隶属关系上不同。处于劳动关系中的用人单位与当事人之间存在着隶属关系是劳动关系的主要特征。而劳务关系中，不存在一方当事人隶属于另一方当事人的关系，两者地位平等。

　　（4）当事人之间在承担义务上不同。劳动关系中的用人单位必须按照法律法规和地方规章等为职工承担社会保险义务，且用人单位承担其职工的社会保险义务是法律的确定性规范；而劳务关系中的一方当事人不存在必须承担另一方当事人社会保险的义务。

　　（5）用人单位对当事人在管理上不同。劳动关系中的用人单位具有对劳动者违章违纪进行处理的管理权。劳务关系中的一方对另一方的处理虽然也有不再使用的权利，或者要求当事人承担一定的经济责任，但不含当事人一方取消当事人另一方本单位职工"身份"这一形式，即不包括对其解除劳动合同或给予其他纪律处分形式。

　　（6）支付报酬方面有所不同。劳动关系中的用人单位对劳动者具有行使工资、奖金等方面的分配权利。而在劳务关系中的一方当事人向另一方支付的报酬完全由双方协商确定，当事人得到的是根据权利义务平等、公平等原则事先约定的报酬。其本质的区别在于：提供劳动的一方是不是单位的成员，是不是以单位职工的身份参加劳动并遵守单位的内部劳动规定。

在本案中，叶某与某晚报发行公司之间似乎形成了劳务合同关系，因为双方之间签订的是《劳务责任协议书》，但事实并非如此。从协议书的内容上看，该晚报发行公司与叶某之间存在隶属关系，叶某是以该晚报发行公司的名义去从事征订、投递及其他物品配送工作。同时，该晚报发行公司对叶某是有管理权的，叶某需遵守该晚报发行公司的规章制度。因此，叶某与该晚报发行公司之间属于劳动关系。

案例 1-2

如何区别事实劳动关系与劳务关系

【案情】

2011 年 11 月至 2016 年 4 月，某公司定期租用程某的车辆为公司商场的销售点送货，程某在约定的时间到单位打出勤卡出车，送货完毕即回家，超出约定的销售点送货公司另付费，车辆运营的相关费用均由程某承担。租用后期，公司每月支付运费 3200 元。2016 年 4 月，公司购买了货车后即与王某解除了雇佣关系。程某向劳动争议仲裁委员会申诉，要求公司支付解除劳动合同经济补偿金 16000 元，并由公司支付未提前 30 天通知的代通知金 3976.96 元。同年 6 月 20 日，劳动争议仲裁委员会作出裁定，裁定公司支付解除劳动合同的经济补偿金 16000 元。公司不服，提起上诉。

【争议】

公司诉称，双方是雇佣劳务关系，并非劳动关系，双方解除雇佣劳务关系后雇主不应支付经济补偿金，故不应支付程某解除劳动合同的经济补偿金 16000 元。

程某辩称，公司所述程某在公司工作的时间、带车并负担车辆运营维修费等工作方式属实。超出约定的销售点送货时，公司另付费实为加班工资。公司与程某虽未签订劳动合同，但双方实为事实劳动关系。2016 年 4 月，公司解除双方的劳动关系，理应支付程某解除劳动关系的经济补偿金 16000 元。

【评析】

本案的争议焦点在于程某与公司之间建立的是劳动关系还是劳务关系。

劳动关系还是劳务关系，可以从以下几个方面区分：

从定义上看，劳动关系是指机关、企事业单位、社会团体和个体经济组织（统称用人单位）与劳动者个人之间依法签订劳动合同，劳动者接受用人单位的管理，从事用人单位安排的工作，成为用人单位的成员，从用人单位领取报酬和受劳动保护的法律关系。

从形式要件上看，劳务关系是指劳动者与用工者根据口头或书面约定，由劳动者向用工者提供一次性或者特定的劳动服务，用工者依约向劳动者支付劳务报酬的一种有偿服务的法律关系。

从适用法律上看，劳动关系由《劳动法》和《劳动合同法》规范及调整，而且建立劳动关系必须签订书面劳动合同。劳务关系由《民法通则》和《合同法》进行规范和调整，建立和存在劳务关系的当事人之间是否签订书面劳务合同，由当事人双方协商确定。

从主体上看，劳动关系一方是符合劳动年龄且具有与履行劳动合同义务相适应的能力的自然人，另一方是符合法定条件的用人单位，两者间是领导与被领导的关系，即劳动者与用人单位具有隶属关系；而劳务关系双方当事人可以都是自然人，也可以都是单位，还可以一方是自然人，另一方是单位，一方不需要加入另一方，两者间不是从属关系，是平等的主体关系。

从报酬支付上看，劳动关系中的人的报酬有按劳分配的性质，为持续性、定期性支付；劳务关系中的人的报酬是劳务费，按市场价确定，为一次性、分期性支付。

从关注的内容上看，劳动关系仅是与劳动过程相联系的社会关系，它更关注实现的过程；劳务关系虽也与劳动过程相联系，但它更着眼于实现结果，与劳动结果紧密相连。通常认为，认定劳动关系主要看是否接受用人单位管理、服从用人单位安排、遵守其规章制度，是否参加了社会保险、签订了劳动合同。

综上所述，不难看出劳动关系、劳务关系虽有联系，但它们之间也存在明显差别，把劳动关系和劳务关系区别开来，实行不同法律制度是必要的，也是可行的。

在本案中，程某从公司获得的劳动报酬是按次计酬的，这区别于劳动关系中定期支付工资的报酬计算方法。定期支付报酬实际上是劳动关系双方确定且稳定的法律关系的体现。而程某按次计酬的报酬计算方法表明程某是按劳索酬，没有为公司提供劳务则不能获得对等报酬。劳动结果在程某和公司的合作过程中起决定作用，劳则得酬，不劳不得。因而程某与公司是劳务关系而非劳动关系。

程某与公司之间虽然存在较稳定的合作关系，但程某与公司并无隶属关系，程某在公司不享受任何的福利待遇，显然程某也并非公司的正式员工，与公司不是劳动关系。

因此，程某与公司之间不存在劳动关系，也不符合确立事实劳动关系的其他构成要件。在此期间双方应系雇佣关系，在雇佣期间，公司支付给受雇人程某的基本工资实为雇佣报酬，其中包含着使用程某所有车辆的费用。双方解除雇佣关系后，公司无义务支付程某解除劳动关系的经济补偿金。故一审法院判令公司不需支付程某解除劳动关系的经济补偿金 16000 元。后程某不服一审判决，提起上诉，二审法院维持了一审判决。

案例 1-3

从举证角度看劳动关系

【案情】

郑某某系上海市外来从业人员，从 2013 年 2 月 17 日开始在上海某工贸有限公司上班。

2013 年 2 月 22 日 16 时 30 分左右，郑某某因右手机器伤至上海市第六人民医院治疗，经诊断为右手外伤致第一掌骨骨折。郑某某受伤后，由工贸公司法定代表人送至医院治疗，并支付医疗费用。之后，郑某某多次自行至医院复诊，工贸公司也支付了相应的医疗费用。工贸公司为明确郑某某的身份曾多次要求郑某某提供其身份证，但郑某某一直不肯提供。

2013 年 5 月 11 日，郑某某向上海市某区劳动人事争议仲裁委员会（以下简称仲裁委）申请仲裁，要求确认工贸公司、郑某某于 2013 年 2 月 17 日至 2013 年 2 月 22 日存在事实劳动关系。2013 年 6 月 29 日，仲裁委作出了确认 2013 年 2 月 17 日至 2013 年 2 月 22 日上海某工贸有限公司、郑某某之间具有事实劳动关系的裁决。工贸公司不服该裁决，遂诉讼至法院，要求确认上海某工贸有限公司、郑某某于 2013 年 2 月 17 日至 2013 年 2 月 22 日不存在事实劳动关系。

【争议】

工贸公司称，郑某某经常到工贸公司串门玩耍。2013 年 2 月 22 日，郑某某出于好奇摆弄工贸公司机器，遭到公司法定代表人的丈夫的劝阻。待公司法定代表人的丈夫离开后，郑某某又去摆弄机器导致受伤。工贸公司出于人道主义先行垫付了医药费，也没有要求郑某某出具签收材料；郑某某受伤之后，还是经常到工贸公司玩，郑某某一直说手疼要借钱去治疗，来厂里就是问人事负责人要钱，后来人事负责人通过郑某某的同事严某借给郑某某600 元，但没有要求郑某某写借条。工贸公司为明确郑某某的身份曾多次要求郑某某提供其身份证，但郑某某一直不肯提供。

郑某某辩称自己是成年人，不可能出于好奇擅自摆弄公司的机器。真实情况是郑某某在为工贸公司提供劳动的过程中受伤。郑某某提供了相关录音证据，录音显示工贸公司愿意支付郑某某经济补偿金。同时，虽然双方均确认工贸有限公司有郑某某领取工资的记录本，但工贸公司撕毁了记载郑某某领取工资的部分。

【评析】

本案的争议焦点在于工贸有限公司是否与郑某某存在劳动关系，及劳动关系确认举证责任如何分配的问题。

《劳动争议调解仲裁法》第六条规定："发生劳动争议，当事人对自己提出的主张，有责任提供证据。与争议事项有关的证据属于用人单位掌握管理的，用人单位应当提供；用人单位不提供的，应当承担不利后果。"又根据劳动法律、法规规定，用人单位支付劳动者工资，劳动者的工作是用人单位业务的组成部分或受用人单位的管理、约束等，可认定双方间存在劳动关系。

本案中，工贸有限公司否认与郑某某之间存在劳动关系，应分析工贸有限公司、郑某某提交的证据。

（1）根据郑某某提交的病史资料看，郑某某因右手机器伤后至医院治疗，经诊断为右手外伤致第一掌骨骨折，郑某某是在上海某工贸有限公司的机器上受伤的，受伤时仅工贸公司法定代表人的丈夫在附近调试机器，厂里没有其他员工在上班，工贸公司所述的叶某某是到其厂里玩的说法显然不符合客观常理，且工贸公司在仲裁时也提及郑某某认为机器操作简单、易学易会，郑某某实际是在使用机器的过程中受伤。

（2）郑某某受伤后，上海某工贸有限公司支付了全部的医疗费用，通过案外人给了郑某某钱款，并提出要支付营养费给郑某某，还多次在工贸有限公司内向郑某某索要身份证件以证实郑某某的身份，如果仅是郑某某自身不当行为造成伤害的话，工贸公司完全没有必要多次索要身份证件以证实郑某某身份，且完全可以阻止郑某某再次进入工贸公司。

（3）根据郑某某提交的录音资料，工贸公司法定代表人多次要求郑某某提供身份证件，称要了解郑某某的身份，这一做法与工贸公司申请的证人江某陈述的该公司录用员工的手续一致，即工贸公司录用员工之前先试用一个月之后再决定是否签订合同，要看能不能用就要查看身份证。另外，工贸公司声称录音时不知道郑某某就劳动关系申请仲裁的事情，这一说法也与事实不符。未经允许的录音资料不能单独作为证据使用，本案中结合证人陈述可以作为定案证据使用。

（4）工贸公司提交的工资本上有明显的撕毁痕迹，且提供了两本工资本，这一点又与其声称的每年仅使用一本工资本相矛盾。

综上，工贸公司虽否认双方之间存在劳动关系，并认为郑某某是自己弄伤，工贸公司出于道义才支付医疗费用并借钱给郑某某治疗，但工贸公司对此未进一步举证证明，且前后陈述不一，又无法自圆其说，因此法院对于工贸公司的陈述不应予以采信。

根据双方举证能力分析，劳动者对存在劳动关系的举证能力明显弱于用人单位；郑某某提交的证据相互印证，已经形成完整的证据链，法院对郑某某的陈述应该予以采信；同时结合郑某某病史记录，法院应该采信郑某某关于 2013 年 2 月 22 日在工贸公司工作时发生伤害事故的陈述。

用人单位对于劳动关系的存续期间负有举证的责任，而上海某工贸有限公司在庭审中的陈述不符合逻辑，既未提交有效的证据证明其主张，也未对郑某某提交的证据予以有效辩驳，因此法院应该采信郑某某关于双方劳动关系自 2013 年 2 月 17 日起建立的意见，故工贸有限公司要求判决确认双方于 2013 年 2 月 17 日至 2013 年 2 月 22 日不存在事实劳动关系的诉讼请求没有事实依据，不应予以支持。

最终，法院认为，郑某某是被上海某工贸有限公司的机器弄伤，双方之间不存在管理与被管理、服务与接受服务关系，用人单位应承担举证义务。

综合双方当事人地位的不平等以及接近证据的远近，上海某工贸有限公司在审理期间未能提供充足的证据证明其主张，对其上诉请求难以支持。因而判决为：确认上海某工贸有限公司与郑某某于 2013 年 2 月 17 日至 2013 年 2 月 22 日具有劳动关系。

案例 1-4

享受养老待遇退休人员
再就业受伤不视为工伤

【案情】

化某退休后被原企业返聘，双方签订了临时劳动协议。2015 年 8 月，化某右腿被机器切伤，司法鉴定为十级伤残。在返聘期间，用人单位没有为化某缴纳工伤保险费，双方因赔偿问题协商未果。化某遂向法院起诉。

【争议】

化某称双方是劳务关系，原企业应按照人身损害赔偿的法律规定，承担他的伤残赔偿金和精神抚慰金等各项经济损失。

而企业辩称与化某之间是劳动关系，应按工伤标准赔偿，而非人身损害赔偿。

【评析】

当前，我国退休人员再就业的情形已较为普遍，原因是大多数退休人员身体状况良好，仍能发挥一技之长。此外，一些退休待遇较低的人员再就业可进一步改善其家庭基本生活条件。但用人单位与退休人员之间是否属于劳动关系，却一直存有争议。

2010 年 9 月 14 日，最高人民法院《关于审理劳动争议案件适用法律若干问题的解释（三）》正式施行，其中第七条规定：用人单位与其招用的已经依法享受养老保险待遇或领取退休金的人员发生用工争议，向人民法院提起诉讼的，人民法院应当按劳务关系处理。即对于退休人员再就业的，相关规定已明确，已享受养老保险待遇的，用人单位与其之间不再属于劳动关系，不受劳动法的保护，受到事故伤害时不按工伤标准进行赔偿，但双方之间形成劳务关系，退休人员可通过民事赔偿途径获得救济。此项司法解释为法院处理此类案件提供了法律依据。

劳动关系是用人单位与劳动者个人之间，依法签订劳动合同，劳动者服从用人单位的管理，接受用人单位安排的工作，成为用人单位的成员，从用人单位领取报酬和受劳动保护所产生的法律关系。双方主体间不仅存在着财产关系即经济关系，还存在着人身关系即行政隶属关系。劳务关系是劳动者与用工者根据约定，由劳动者向用工者提供一次性的或者是特定的劳动服务，用工者依约向劳动者支付劳务报酬的一种有偿服务的法律关系。双方主体之间只存在财产关系即经济关系，彼此之间无从属性，不存在行政隶属关系，没有管理与被管理、支配与被支配的权利和义务，劳动者提供劳务服务，用人单位支付劳务报酬，各自独立、地位平等。

本案中，化某只是临时返聘到原企业工作，与原企业之间已不存在行政隶属关系，因此，化某与用人单位之间构成劳务关系。另外，到达退休年龄无法缴纳工伤保险费，不符合按照工伤保险条例赔偿的条件，故对化某不应按工伤标准予以赔偿。

综上所述，本案中，化某退休后虽然被原企业返聘，但与用人单位事实上不能构成劳动关系，只能构成民法意义上的劳务关系，故对化某所受到的伤害应按人身损害予以赔偿，化某的诉请应得到支持。

案例1-5

签订合同后不承认，判决确认劳动关系

【案情】

上海某快递公司与施先生签订了服务分包合同，快递公司还向施先生收取了押金，并为施先生投保了人身险，但仍认为与施先生之间不存在劳动关系。为此，快递公司诉至法院，要求确认双方无劳动关系。日前，法院经过审理，作出确认自 2015 年 3 月 21 日起，上海某快递公司与施先生之间存在劳动关系的一审判决。

施先生是河南省社旗县来沪从业人员，2015 年 3 月 21 日进入快递公司工作。快递公司分别于同年 3 月 21 日、5 月 20 日、6 月 20 日向施先生收取押金 8000 元、2000 元和 2000 元。同年 5 月 20 日还向施先生收取了 300 元的保险金，并为施先生投保平安养老保险公司的团体人身险。2016 年 1 月 12 日，施先生因未被快递公司认可存在劳动关系且未缴纳社会保险的理由申请仲裁。裁决后，快递公司不服，于 2016 年 3 月 4 日将施先生上诉至法院。

【争议】

快递公司称双方未根据合同法的规定签订服务分包合同，双方也未达成区域配送承包和代收货款服务协议。双方之间不存在服务合作，加上施先生也未向快递公司提供过服务或劳务，因此双方之间不存在劳动关系。要求判令确认双方之间不存在劳动关系，快递公司无须为施先生缴纳社会保险。

然而，施先生却认为双方存在劳动关系。他陈述道：2015 年 3 月 21 日入职后担任快递员，快递公司按计件制发放工资，每月 4000～5000 元不等。双方未签订劳动合同，快递公司亦未为其缴纳社会保险。况且在入职当日，交纳了物品保证金 8000 元，并签订了服务分包合同，约定工资计件制。之后，快递公司又从自己的工资中扣款 4000 元。由此，共向快递公司交纳物品保证金 1.2 万元。另外，快递公司还要求自己出资统一购买人身意外保险。2015 年 7 月 2 日，因自己发生了交通事故，后一直未上班。快递公司除支付工资至 7 月 2 日，支付了医疗费 1 万元外，再也未承担其他责任。因此，亦不服仲裁裁决，要求判令双方存在劳动关系，快递公司支付 2015 年 7 月 3 日至 2016 年 1 月 12 日的工资 2.8 万元，支付未签订劳动合同的双倍工资差额 3.8 万余元，并补缴上海市社会保险。

【评析】

法院认为，双方当事人确认，双方签订或履行服务分包合同的前提在于施先生向快递公司交纳服务保证金（或称押金）。快递公司先后实际收取了 1.2 万元押金，也确认向施先生收取押金的意图为签订服务分包合同。根据服务分包合同约定，施先生向快递公司提供的劳动是快递公司的业务组成部分，快递公司亦向施先生支付了相应报酬，且受快递公司管理，由此，有理由认为该分包合同具有劳动合同的性质。快递公司在连续几个月内向施先生收取押金，又于上述期间为施先生向保险公司投保人身险。综上，确认自 2015 年 3 月 21 日起，双方之间存在劳动关系。由于服务分包合同具有劳动合同的性质，故对施先生要求支付其未签订劳动合同双倍工资差额的请求，不予支持。由于施先生在受伤后未再上班，而伤害事故尚未进行工伤认定及劳动能力鉴定，且还涉及工伤认定、停工留薪期待遇等问题，故对此项诉请暂不予处理。又因社会保险费事宜不属法院处理范围，故施先生此部分诉请事宜，亦不予处理。据此，法院作出了上述判决。

案例 1－6

邓小姐与公司是否形成劳动关系

【案情】

邓小姐于 2014 年 2 月进入上海某化工有限公司工作，担任公司董事长秘书。2014 年 7 月，由于个人原因，邓小姐辞职离开了公司。2014 年 11 月初，公司由于业务发展需要又重新聘请邓小姐到公司负责一个并购项目，约定由公司先一次性支付邓小姐年薪 25 万元，邓小姐对外职务为公共关系总监，其任职期间，只需要直接向公司总裁及副总裁等人汇报工作即可。公司不负责其社会保险费的缴纳，也不对其考勤。双方没有签订书面合同。2014 年 12 月中旬，公司通过个人账号一次性转账给邓小姐 25 万元整的劳动报酬。

2016 年 4 月 5 日，公司人事部门发邮件通知邓小姐：由邓小姐负责的并购项目已经完成，原定期限一年的咨询顾问服务经延长后也相应终止，公司另外一次性支付邓小姐经延长后的半年的服务费 12.5 万元。邓小姐认为自己与公司之间属于劳动关系，要终止服务也应由双方协商解决，公司不能说终止就终止，于是向公司所在地的劳动争议仲裁委员会申诉，提出了以下仲裁请求：要求恢复劳动关系并签订无固定期限劳动合同；要求公司支付自 2016 年 4 月起至恢复之日止的双倍工资差额。

【争议】

邓小姐认为，她为公司提供劳动，公司支付报酬，她与公司之间是劳动关系，既然是劳动关系，就受劳动合同法调整，公司不能单方面终止服务。

公司辩称：邓小姐虽然曾在公司工作，后因个人原因自己提出辞职，此后就未曾到公司任职。2014 年 11 月，公司与德国某公司有一个合作项目，于是公司的总裁聘请邓小姐担任该项目的翻译及咨询顾问，支付顾问费每年 25 万元，该费用也是由个人账户支付的。公司与邓小姐之间虽然未签订过书面的合同，但事实上是一种委托合同关系，因此不构成劳动关系，也就不存在恢复劳动关系及支付未签劳动合同期间双倍工资差额的问题。

【评析】

本案的争议焦点是邓小姐与公司之间是否形成劳动关系，如果确认形成劳动关系，邓小姐的请求就有法律依据，否则，就不能成立。

劳动关系的根本特征是劳动者与用人单位之间形成付出劳动与支付劳动报酬、接受管理和实施劳动管理的权利义务关系。用人单位招用劳动者未签订书面劳动合同，但是同时具备下列情形的，劳动关系成立：用人单位和劳动者符合法律、法规规定的主体资格；用人单位依法制定的规章制度适用于劳动者，劳动者受用人单位的劳动管理，从事用人单位安排的有报酬的劳动；劳动者提供的劳动是用人单位业务的组成部分。

在争议双方对是否存在劳动关系发生争议的情况下，劳动者对自己与用人单位之间建立或者应当建立劳动关系的事实负有举证责任。劳动者通常可以提供如工资支付凭证或记录、缴纳各项社会保险费的记录、工作证或者服务证等能证明身份的证件、登记表、报名表等招用记录、考勤记录、证人证言等证据来证明自己与用人单位之间存在劳动关系。

本案中的邓小姐为公司服务的一年半时间内，公司曾两次支付其劳动报酬，并报销过相关的费用，邓小姐还代表公司签订了一份设计企业样本的合同，且在公司内有自己的办公场所。从表面上看，邓小姐和公司之间似乎形成了劳动关系。然而，支付劳动报酬或报销相关费用并不是确认存在劳动关系的唯一依据，民事主体之间也同样存在付出劳动、获得劳动报酬这样一种单纯以劳动力为对价的关系。

用人单位向劳动者支付劳动报酬，是以资本形式购买劳动力的支配权和使用权，通过对劳动者付出劳动的多寡、优劣、能力的考核以及劳动者在工作中遵守企业规章制度的情况，从而确定每月应向劳动者支付的工资金额。本案中的邓小姐提前一年或滞后半年领取报酬的方式，无须参考其工作成绩、考勤或者规章制度的遵守情况，仅依据双方之间约定的金额，在一定期限内如数给付，并不符合劳动关系的根本特征。邓小姐虽然代表公司签订设计企业样本的合同，但是不足以证明其在公司的管理下付出劳动的事实。邓小姐虽在公司内有自己的办公场所，但是其大部分时间都不在公司办公，且公司并不对其进行考勤和管理，邓小姐也不需要像其他员工一样遵守公司的规章制度，因此很难证明其与公司之间存在管理与被管理关系。

公司要求邓小姐负责并购项目的时候虽然没有签订过书面的委托合同或顾问合同，但是没有书面的约定并不能当然地证实邓小姐就是公司的员工。邓小姐是否是公司的员工，依然需要通过劳动者与用人单位之间既建立以劳动力为对价的财产关系，又兼具劳动者对用人单位的人身隶属关系这样的事实加以证实。由于邓小姐提供的证据不足以证实其与公司之间存在管理与被管理、命令与服从的劳动关系，因此邓小姐的诉讼请求因缺乏事实依据而难以获得支持。

案例 1−7

境外公司派驻，双方之间是
雇佣关系还是劳动关系

【案情】

纪某户籍所在地为广东汕头，持有美国绿卡。总部在美国的 B 公司在香港、上海等地分别设有分公司。2010 年 5 月，美国 B 公司副总裁在美国发 Offer（聘用通知书）给纪某，拟邀请其担任亚太区财务总监，并对其受雇期间的待遇进行了说明。5 月 30 日，B 公司（香港）公司向纪某发出聘用函，聘任其为亚太区财务总监，月薪 45000 港元。7 月 7 日起，纪某到香港、上海公司开始工作。2011 年 2 月，美国 B 公司通知纪某，双方雇佣关系于 2011 年 2 月 11 日终止。

2011 年 2 月 25 日，纪某向 B 公司（上海）公司所在地的劳动争议仲裁委员会提起申诉，要求 B 公司（上海）公司按 45000 港元加 5800 元的标准支付其经济补偿金，支付未签订劳动合同的双倍工资，并为其补缴 2010 年 7 月至 2011 年 2 月外来从业人员综合保险。

【争议】

本案的争议焦点在于：纪某在 B 公司（上海）公司办公，能否认定为双方存在劳动关系。

纪某认为，从 2010 年 7 月开始，他每月除到香港、台湾公司出差外，其余时间都在上海公司工作。B 公司（上海）公司为其提供了独立的办公室和工作电脑，发放了门禁卡。公司按月将工资分别打入其在香港和上海的工资卡中，其中香港汇丰银行账户每月收到公司支付的 45000 港元，上海招商银行账户每月收到 5800 元。这些事实都证明双方存在事实劳动关系。

B 公司（上海）公司认为，纪某的工作邀请函是由美国总部发出的，他与 B 公司（香港）公司签有聘用协议，香港公司每月支付其月薪 45000 港元。上海公司每月向其发放的 5800 元，仅是其在上海的住房和生活补贴。纪某的工作为亚太区财务总监，这一职位并非上海公司的职位而是香港公司的职位。根据美国 B 公司的组织架构，香港公司是包括上海公司、台湾公司在内的亚太公司的母公司。纪某负责亚太公司的成本核算，因此他的工作地点被安排在香港、上海、台湾三地。双方之间不存在劳动关系，因此要求仲裁庭驳回申诉人的诉请。

【评析】

本案是一起境外公司雇员在中国境内工作引发的劳动合同争议，涉及的问题主要是认定双方是否存在劳动关系。

根据法律规定，提起劳动争议申请的当事人，对于自己的主张有义务加以证明。

本案中，申请人纪某向仲裁庭提供了香港汇丰银行和上海招商银行的对账单，证明其工资由两部分构成，但该证据无法反映汇款人就是上海公司；而上海公司提供的申请人与香港公司的聘用协议和纪某亲自签署的其作为香港公司雇员的纳税申报表，有力地证明了其与香港公司存在雇佣关系。上海公司辩称其每月向纪某发放 5800 元仅是纪某在上海的住房和生活补助，与美国 B 公司首次向陈某提供的 Offer 的表述是一致的。纪某和香港公司签订的聘用协议，是双方真实的意思表示，纪某亲自签署的作为香港公司雇员的纳税申报表和双方实际按照雇佣关系在香港办理纳税申报的事实，证明其在香港公司的工资报酬也是真实的。如果纪某认为其和上海公司建立了劳动关系，而否认与香港公司的雇佣关系，则意味着纪某认可上海公司的工作报酬就是每月 5800 元，这与其诉请的高额经济补偿金的基数相矛盾，因为其中 45000 港元部分是香港公司聘用协议的内容，因此其主张与上海公司存在劳动关系缺乏事实和法律依据。

同样，工作地点在本案中也不能作为确定劳动关系的依据。纪某在美国首次收到工作邀请，向其提供 Offer 的主体是美国 B 公司的副总裁，从未有任何人以上海公司负责人的名义向其提供 Offer；纪某的直接主管是美国 B 公司的雇员，解雇通知也是由其直接主管发出的，因此其工作从未受上海公司的管理、约束。庭审中，纪某承认每月都有到香港公司、台湾工作的事实，但其未能提供上海公司是香港公司、台湾公司的上级机构的证据。在外商独资企业，普遍存在总部派驻工作的现象，纪某的具体工作是亚太区财务总监，该职务并非属于上海公司，而是香港公司的职务范围，上海只是纪某依其职责范围会被派驻的工作地点之一，纪某作为亚太地区财务总监，需对 B 公司（上海）公司每月进行成本核算，上海公司为其提供办公场所和门禁卡只是为其工作提供方便，不能证明其为上海公司雇员的必然性、唯一性。

由于纪某主张与上海公司之间存在事实劳动关系，但对此未能提供充足有效的证据加以证明，所以申请人应承担因举证不能而产生的对己不利的法律后果。

最终，劳动争议仲裁委员会经审理后确认，纪某与 B 公司（香港）公司签有聘用协议。2010 年 7 月，纪某按照香港法律规定，填写了一份由香港税务局提供的登记表，其中填写的雇主名称为 B 公司（香港）公司。B 公司（香港）公司每月支付纪某工资 45000 港元。纪某的直接主管为美国 B 公司的财务总监，其职务范围含香港公司、上海公司、台湾公司。仲裁庭经调查确认，向其发出聘请和解雇通知的主体都是美国 B 公司。

仲裁庭认为，纪某与 B 公司（香港）公司签订的聘用协议和根据香港法律在香港缴纳个人所得税，均可以证明申请人的劳动关系是与香港公司建立的。纪某未能提供有效的证据证明自己的主张，其提出的仲裁请求，缺乏事实与法律依据，仲裁庭不予支持。

案例 1-8

在校生签订的劳动合同
是否属于劳动关系

【案情】

2014年2月，小丽拿着徐州某职业技术学院颁发的"2014届毕业生双向选择就业推荐表"前去海门一公司应聘办公室文员工作，此时她的论文答辩尚未完成。公司经过审核和面试后，便通知小丽去上班。一上班，公司就与小丽签订了《劳动合同协议书》，协议约定：小丽所担任职务为办公室文员；合同期限为一年，其中试用期为3个月，试用期月薪为500元，试用期满后，按小丽技术水平、劳动态度、工作效益评定，根据评定的级别或职务确定月薪。

上班两个月后，小丽发生了交通事故，遂治疗和休息。其间经学校同意以邮寄方式完成了论文及答辩，于2014年7月正式毕业。

同年8月，伤愈后的小丽多次与公司交涉，认为双方既然签订了劳动合同，其身份属于公司员工，应该享受工伤待遇，但遭到公司拒绝。11月，她向劳动行政部门提出认定劳动工伤申请，公司也向当地劳动争议仲裁委员会提出仲裁申请，要求确认公司与小丽签订的劳动合同无效。小丽则针对公司的仲裁申请提起反诉，请求确认合同约定试用期为3个月、试用期月薪500元等条款违法，要求月薪按社会平均工资标准执行，同时要求公司为自己办理社会保险，缴纳保险金。

【争议】

小丽认为，自己已年满16周岁，就具有就业的权利能力和行为能力，学校已经向自己发放了双向选择推荐表，自己就具有到社会上就业的资格，推荐表中已载明了自己的情况，包括尚未正式毕业的事实，公司录用时予以了审查，不存在隐瞒和欺诈，法律也没有禁止在校大学生就业的规定，因此自己具备劳动主体资格，与单位构成劳动关系。

公司辩称，小丽在签订劳动合同时仍是在校大学生，其应受学校的管理，不具有劳动关系的主体资格，不能同时拥有职工和学生两种身份，所以双方签订的劳动合同是无效的。小丽之所以要求确认劳动关系，其目的是在其交通事故后要求公司办理社会保险。

【评析】

本案争议的焦点在于在校大学生是否具备劳动者的主体资格，双方是否建立了劳动关系。

"劳动者"是一个含义非常广泛的概念，凡是具有劳动能力，以从事劳动获取合法收入作为生活资料来源的公民都可称为"劳动者"。不同的学科对于劳动者这一概念具有不同的界定。社会学意义上的劳动者，是指在劳动生产领域或劳动服务领域从事劳动、获得一定职业角色的社会人。按照这一定义，凡是参与实际的社会生产过程的人，都可以被称为劳动者。按照这种理解，不仅工人、农民、各类知识分子是劳动者，而且从事国家和社会管理的各级官员、企业的经营者、管理者也可以说都是劳动者。因为他们所从事的工作，均是社会生产劳动过程的一个具体构成部分。

然而，劳动法意义上的劳动者不同于社会学意义上的劳动者，劳动法意义上的劳动者是从劳动法调整对象的角度来讲劳动者的。1995 年劳动部《关于贯彻执行劳动法若干问题的意见》（309 号文）第十二条明确规定："在校生利用业余时间勤工俭学，不视为就业，未建立劳动关系，可以不签订劳动合同。"因此，在校学生不受劳动法调整和保护。

因此，我们认为，在本案中，小丽不具备劳动法意义上的劳动者的主体资格。在小丽毕业之前，在公司已经工作，虽然表面上和公司其他员工一样，但实际上因为其在校学生的身份而使其不受劳动法的保护，不视为就业，双方签订的劳动合同在此期间不发生效力，小丽在此期间发生交通事故也不能认定为工伤。

案例 1-9

工资、社保由分公司负责，但集团公司行使管理权，认定与集团公司存在劳动关系

【案情】

郭先生自 2010 年 1 月 10 日起在某房地产集团公司（北京）任广告创意总监，双方签订了两年的劳动合同，并办理了档案、社保等手续。同年 6 月 10 日，集团公司将郭先生派至上海分公司任职，并由上海分公司负责为其办理工资、社保等手续，但其档案仍在集团公司。后上海分公司被撤销，集团公司通知上海分公司善后事宜由集团公司处理，并通知郭先生回北京报到，但后来集团公司通知其回家等安排。至 2012 年 8 月，郭先生仍未得到集团公司的任何通知，无奈之下他只好先到一家房地产经纪公司工作，但未办理任何手续。

后来，在 2013 年 3 月，郭先生因经纪公司效益不好，只好要求集团公司为其安排工作岗位。

【争议】

集团公司认为郭先生是上海分公司的员工，与集团公司无关，并且上海分公司现在已经被注销。而且郭先生不仅一直都没有来集团公司上班，还在房地产经纪公司上班。并且郭先生与集团公司签订的劳动合同也已经期满了，他早已经和集团公司没有任何关系了。

无奈之下，郭先生提出劳动仲裁，要求确认他与集团公司的劳动关系，并要求集团公司支付他自 2012 年 4 月起至今的生活费，并补缴社会保险费。

【评析】

劳动争议仲裁委经过审理认为：郭先生与集团公司仍存在事实劳动关系，应当得到《劳动合同法》的保护。郭先生与集团公司建立了劳动合同关系，郭先生是在集团公司的要求下到上海分公司工作的，虽由上海分公司为其发放工资，且办理了社会保险，但郭先生与上海分公司并未签订劳动合同，并且在上海分公司被撤销时，集团公司通知郭先生回来报到。显然集团公司在对郭先生行使管理权，这属于劳动关系的核心本质，故认定郭先生与集团公司存在劳动关系。又因劳动合同期满后，双方未办理相关的终止手续，且双方均未发出解除或终止劳动关系的通知，故应认定双方仍存在劳动关系。故裁决集团公司支付郭先生生活费，并在社保部门核定后由集团公司为郭先生补缴社会保险。

我们可以通过以下两点看出郭先生与集团公司之间仍存在劳动关系：

（1）郭先生与集团公司在双方的劳动合同存续期间一直有劳动关系。首先，郭先生与集团公司建立有劳动合同关系，那么其与其他公司无法建立劳动关系，除非先与集团公司解除劳动关系。但我们从案例中可以看出，双方并没有以明示的方式发出解除通知，办理解除手续，同时集团公司还管理郭先生的档案。其次，郭先生到分公司也是接受集团公司的安排，显然集团公司在对郭先生行使管理权。最后，在上海分公司被撤销时，集团公司又一次对郭先生行使管理权，要其回北京报到。另外，郭先生未与分公司订立劳动合同，而这里的社保、工资等不能作为确认劳动关系的依据。综上我们可以得出结论，郭先生与集团公司在劳动合同存续期间一直存在劳动关系，而与分公司以及后来的房地产经纪公司建立的都是劳务关系。

（2）在劳动合同期满后，双方劳动关系仍继续存在。劳动合同期满后，集团公司和郭先生都没有明确向对方表示过终止或解除劳动关系的意思。因双方都未行使解除的权利，故双方的劳动关系仍然存续。

案例 1 – 10

网络 APP 平台与其服务
人员是否构成劳动关系

【案情】

因认为上海乐快信息技术有限公司违法解除劳动关系，孙先生等7名厨师将其告上法庭，要求支付补偿金和加班费等共计5.2万余元。近日，此案在朝阳法院开庭审理。被告公司当庭表示，7名厨师是通过公司旗下的"好厨师"APP平台接单，并不接受公司管理，与公司不存在劳动关系。据悉，此案是首起"网约工"劳动争议案。

据孙先生等7名原告说，他们2014年入职被告公司任厨师，月工资5000元，每天工作时间为10点至18点。公司未与其签订劳动合同，也未缴纳社会保险、支付加班费及安排休年假，并于2015年10月违法解除了劳动关系。他们申请劳动仲裁，要求确认与公司的劳动关系，同时要求支付解除劳动关系经济补偿金、未签订劳动合同的双倍工资差额、加班费等共5.2万余元，并要求补缴社会保险。后经劳动仲裁，裁定双方不存在劳动关系，驳回了孙先生等人的请求。之后，孙先生等人提起诉讼。

【争议】

公司代理人表示，公司厨师都是介绍来的，公司只需核验厨师证、健康证和身份证，对菜品会做培训，但没有考核，只约定客户给差评后公司有权解除。如果对客户造成损害，赔偿由个人负责。公司前期会有派单，但没有奖惩，对工作量没有要求。厨师无须坐班，也可以拒绝接单。厨师的收入来源只是利润分成，不存在底薪之说。"我们是互联网提供厨师上门的平台，APP的存在是为了方便厨师更好地接单，公司与原告不存在劳动关系。"

原告方律师指出，系统应该是在原告离开后升级的，原告没有使用过抢单功能，一直是人工派单。原告每天按时到公司上班，接受派单并发放传单，每月还有保底工资等，都体现了双方有劳动关系。"7名原告都是农民工，他们文化程度低，没有办法才签订了合作协议，该协议不能推翻双方为劳动关系的事实。"

【评析】

随着网络的发展，专车代驾、家政服务等一些行业通过 APP 平台提供服务成为时下新型劳务形式，网络服务平台运营方与劳动者之间是否构成劳动关系成为尚有争议的法律问题。案件的判决对于引导网络服务平台规范经营行为将起到一定的推动作用，本案的焦点问题就是：双方是否存在劳动关系？从现有的法律来看，要符合事实劳动关系，关键还是要从劳动关系主体是否合法，劳动者是否受用人单位管理，用人单位的规章制度是否适用于劳动者，劳动者是否在单位的安排下从事有报酬的劳动，劳动者提供的劳动是否属于用人单位的业务组成部分这几个方面来判断。就本案来说，厨师和网络平台公司之间的关系并不是十分紧密，首先从管理方式上，厨师通过软件接单，有接与不接的自由；其次厨师的收入来源于利润的分成，而传统的劳动关系中并没有分成的概念，销售人员虽然有提成，但提成属于绩效奖金，和分成还是有本质差异的。而计件工资虽然是按照数量计提工资，但是也受到定额的影响，而"网约工"则没有保底数的限制。因此从现有的法律来看，"网约工"难以被认定为劳动关系。劳动仲裁驳回孙先生的请求也在意料之中。

这个案件的判决结果将具有深远的指导意义，法律总是滞后于现实生活的，当一些新兴的业态兴起的时候，对现有的政策法规总会带来挑战。比如本案中的网络厨师，一旦劳动关系不能得到确认，那么他们在工作过程中发生事故谁来理赔？如何理赔？作为政府和立法部门，如何来规范和完善现有的政策法规，使之既适应新的形势，又让新兴行业的就业人员得到一份就业保障？所有这些问题都值得关注和研究。

第二章

劳动合同纠纷

案例 2 - 1

连签两次固定期限劳动合同后，是否应签订无固定期限合同

【案情】

2001 年 3 月，何先生进入陕西省某事业单位任食堂厨师。直到 2003 年 1 月 31 日，单位才通知何先生签订书面劳动合同，并开始为何先生缴纳社会保险。第一份合同签订到 2005 年 12 月 31 日，之后，双方又签订了一份三年的劳动合同，2008 年 12 月 31 日后则改为两年一签。

2012 年 12 月 31 日，单位书面通知何先生，鉴于最近一份劳动合同届满，不再与何先生续签。何先生申请劳动仲裁，要求与单位签订无固定期限劳动合同。

【争议】

何先生称其自 2001 年参加工作，已在单位工作 10 多年，根据劳动合同法第十四条，已具备签订无固定期限劳动合同的法律依据和事实依据。

单位称何先生只有 9 年多工龄，并出示其自 2003 年 1 月 31 日至 2012 年 12 月 31 日与何先生签订的数份劳动合同。

【评析】

经审理，劳动争议仲裁委认为，何先生与其单位存在劳动关系，有证据证明的劳动时间是 9 年 11 个月。但 2008 年后，何先生与单位曾订立两份固定期限劳动合同。由此，本案争议焦点是：自《劳动合同法》实施后，单位连签两次固定期限劳动合同后，就应签订无固定期限合同吗？

一种意见认为，劳动者有权要求与用人单位签订无固定期限合同，用人单位无选择权，即只要用人单位与劳动者签订第二份固定期限合同，就已建立无固定期限的劳动合同关系，除非劳动者不要求签订。

另一种意见认为，第二份固定期限合同到期后，单位有选择签与不签的权利，理由是《劳动合同法》第十四条第二款规定可以订立无固定期限劳动合同的情形是："（一）劳动者在该用人单位连续工作满十年的……（三）连续订立二次固定期限劳动合同，且劳动者没有本法第三十九条和第四十条第一项、第二项规定的情形，续订劳动合同的。"既然是"续订劳动合同的"，前提应是双方都有续订劳动合同的意向，任何一方均无权利要求对方必须续订劳动合同。

尽管此案陕西省法院判某单位签订无固定期限劳动合同，但需注意各地司法实践中的不同。上海司法实践中认为，《劳动合同法》第十四条第二款第（三）项的规定，应当指劳动者已与用人单位连续订立两次固定期限劳动合同后，与劳动者第三次续订合同时，劳动者提出签订无固定期限劳动合同的情形。即第二次的固定期限合同到期后可以终止劳动合同，只有用人单位与劳动者第三次续订合同时，劳动者才有权利提出续订无固定期限劳动合同。而本案中的单位在《劳动合同法》实施后，并不愿意第三次与何先生续订劳动合同，所以劳动合同可以终止。

案例 2 - 2

电邮往来是否构成劳动合同

【案情】

钟先生在一次面试中深得某咨询公司的器重，2013 年 2 月，钟先生向公司递交"入职申请"。当月 25 日，公司以电子邮件发出录用通知，包含劳动合同基本内容，并对入职时间、工作岗位、工作地点、劳动报酬、福利及假期等进行约定。钟先生于次日回邮件确认公司录用通知，并于 3 月 1 日至公司报到。2014 年底，双方发生争议，钟先生向仲裁委员会申请，要求公司支付他双倍工资。

【争议】

钟先生认为，根据劳动合同法规定，用人单位自用工之日起就应该与劳动者签订书面劳动合同，而单位一直没有跟他签订书面合同，故请求支付双倍工资。而咨询公司认为，录用通知其实就是劳动合同，且得到被告确认，不同意支付双倍工资。

【评析】

建立劳动关系，应订立书面劳动合同。《合同法》第十一条规定："书面形式是指合同书、信件和数据电文（包括电报、电传、传真、电子数据交换和电子邮件）等可以有形地表现所载内容的形式。"咨询公司通过电子邮件向钟先生发出录用通知，内容包含入职时间、工作岗位、工作地点、劳动报酬、福利及假期等劳动合同的基本内容。最关键的是，得到钟先生的回复确认并在用工后实际履行，这即可视为双方订立书面劳动合同。

《劳动合同法》关于未签订书面劳动合同给予双倍工资的规定，属于惩罚性条款，针对的是用人单位未履行诚实信用义务，存在恶意侵害劳动者利益、故意不与劳动者签订合同的不当行为，显然不应适用于本案，故公司无须支付双倍工资。

此案从仲裁一路走到法院，最终法官没有支持钟先生的双倍工资的请求。

案例 2 - 3

劳动合同订立过程中的缔约过失责任

【案情】

2015年8月8日，上海某制造有限公司向胡某发出聘用通知书，表示公司已决定聘用胡某。聘用通知书对试用期、薪资标准等做了说明，并明确公司将在胡某提供必要的录用资料后为其办理相应的聘用手续，试用期间胡某需参加公司安排的各项培训、考核和体检，试用期满时，培训、考核以及体检均合格后将转为正式员工。试用期内或报到前如果体格检查（复查）不合格，将不能被录用；体检不合格的情况包括：传染病、生理缺陷、职业障碍等。8月9日，胡某到浦东仁济医院进行了体检，体检费285元。同日，胡某向原工作单位提出辞职，一周内原单位同意胡某辞职。8月15日，仁济医院出具体检报告，对胡某体检的综合评估结论为：左肾囊肿、左肾结石，建议外科随访，多饮水。8月31日，胡某经仁济医院复检，结论为左肾缩小，左肾复发性囊肿，左肾复发性结石。后公司以胡某体检不合格，不符合公司《新员工录用前招聘体检标准》为由，于10月10日正式拒绝录用胡某。胡某至起诉时，仍处于无业状态。庭审中，双方确认胡某在原工作单位的收入标准为每月5000元。

【争议】

胡某认为，公司聘用通知书中明确体检不合格的情况为"传染病、生理缺陷、职业障碍"三种，其左肾囊肿及结石并不属于体检不合格的情况。聘用通知书明确表达了录取胡某的意向，导致胡某辞去原工作，造成胡某失业及劳动收入损失，故请求法院判令公司赔偿胡某档案资料查阅费40元、体检费285元、失业期间劳动收入的损失14800元（根据公司给予胡某聘用通知书上承诺的工资、奖金、津贴费用标准7400元，从2015年9月3日开始，计算2个月），胡某再就业期间误工损失费，共计22200元（按上述7400元的标准，计算3个月），总计赔偿37325元。

公司辩称：首先，公司发给胡某的聘用通知书明确告知体检不合格不能录用，胡某确有不适应工作的身体情况，不符合公司的《新员工录用前招聘体检标准》及聘用通知书规定的标准，故公司不录用胡某有依据。其次，公司在得知胡某的体检结果后，已尽快通知胡某不能录用，尽到了必要的告知义务，胡某在未与公司正式达成劳动合同前自行与原单位解除劳动关系，由此引起的损失属胡某自身过错，不能归责于公司。

【评析】

上海市浦东新区法院经审理后认为：

当事人订立合同，应遵守诚实信用原则，因违背该原则给对方造成损失的，应承担相应的损害赔偿责任。公司称胡某体检不合格，属聘用通知书中所称的职业障碍，其依据是公司的《新员工录用前招聘体检标准》中记载了肾功能异常的内容，胡某符合该情况。对此，因公司的聘用通知书中载明的职业障碍中，并未明确胡某体检的情形属于肾功能异常的范围，公司作为提供该标准格式文本的一方，在对文本内容存在两种以上理解时，理应作出对其不利的解释；而且，公司未提供权威的医疗机构意见来证明胡某的体质确无法承受其岗位要求，故本案中应推定胡某左肾囊肿及结石不属于职业障碍的范围。此外，公司也无证据证明曾向胡某告知过该标准，及胡某同意受该标准约束，故公司据此拒绝录用胡某，缺乏依据，对于劳动合同的订立存在过失，应在其过错范围内承担相应的赔偿责任。

胡某收到公司发出的聘用通知书，并不意味劳动合同已成立。胡某应当知道体检合格是签订正式劳动合同的前提条件，但胡某在体检当天，即正式体检报告尚未出具，体检结论尚处待定状态的情况下，就向原单位提出辞职，显然有违必要的审慎义务，也是造成其目前无业状态的原因，可适当免除公司的赔偿责任。综合上述情况，法院酌定公司应对胡某的合理损失承担70%的赔偿责任。

关于损害赔偿的内容和标准：胡某主张的档案资料查阅费，缺乏法律依据。对于体检费，鉴于体检后公司无正当理由拒绝录用胡某，故该费用属胡某的合理损失。对于胡某失业及再就业期间的劳动收入损失，鉴于公司向胡某发出了聘用通知书，胡某得知复检结论的时间为 2015 年 8 月 31 日，胡某基于该体检结论，有理由相信公司将录用胡某，故胡某主张失业损失从 2015 年 9 月 3 日起算并无不当，法院予以认可。对于失业及再就业期限，应在合理范围内确定，鉴于公司正式拒绝录用胡某的时间为 2015 年 10 月 10 日，劳动合同的达成已不可能，故胡某此时起可继续寻求就业。综合考虑胡某此后寻求就业及与其他单位签订劳动合同需办理相关手续的必要时间，法院认定胡某失业及再就业的损失期限总计按 2.5 个月计算。关于损失计算的标准，法院以原告、公司庭审一致确认的胡某在原工作单位的收入标准即每月 5000 元计算，认定胡某失业及再就业期间的合理损失总额为 12500 元。

缔约过失责任制度指在合同订立过程中，一方因违背其依据诚实信用原则所产生的先合同义务，而致另一方的信赖利益的损失，应承担损害赔偿责任。所谓先合同义务，是指在合同订立过程中，缔约人依据诚实信用原则和交易惯例而负有的互相协作、照顾、保护、告知、诚实、保密等义务。

劳动合同中引入《合同法》所规定的缔约过失责任，并不是在所有情况下都适用，我们应明确其适用的范围。

1. 劳动合同不成立情况下的缔约过失责任

这是典型的劳动缔约过失责任的适用类型，是指在合同的缔结阶段由于一方未尽到善良注意的义务，未本着诚信原则而随意进行磋商，甚至恶意进行磋商，对他方因此遭受的损失理应承担赔偿责任。尤其是在如今就业歧视普遍存在的情况下，构建劳动缔约过失责任制度不失为一条可行之策。

2. 劳动合同因一方或双方过错导致无效的缔约过失责任

用人单位与劳动者在订立劳动合同时应遵循诚实信用原则。如前所述，由于用人单位的原因订立的无效合同，对劳动者造成损害的，用人单位应当承担赔偿责任。假如劳动者虚构了真实姓名、学历、职业技能，骗取了用人单位对其在劳动能力、职业技能、工作能力等方面的信赖，从而签订了劳动合同，这种采取欺诈、威胁等手段订立的劳动合同是无效劳动合同，从订立的时候起就没有法律约束力。若因此对用人单位造成损害，劳动者需承担缔约过失责任。

3. 劳动合同有效情况下的缔约过失责任

对于有效的劳动合同在履行过程中产生的争议一般通过违约责任进行救济。但对于某些有效劳动合同，违约责任似乎无能为力。譬如一些用人单位为了争取劳动力资源而在招聘广告中夸大宣传，但签订劳动合同后却不能兑现，则应该在维持劳动合同的基础上，追究用人单位的缔约过失责任，以弥补劳动者的巨大心理落差。

案例 2-4

没有必备条款　聘书不算合同

【案情】

2013 年 8 月 1 日，李某在一家公司参加面试后，公司认为李某符合岗位要求，遂向李某发出了聘书，聘书中不仅通知李某前去报到，还对李某的工作岗位、工作报酬、聘期进行了说明，且加盖了公司公章。此后李某一直在公司上班，但彼此从未签订劳动合同。2014 年 8 月，聘书所定期限届满后，公司要李某走人。李某以双方未签劳动合同为由要求公司支付工作期间的双倍工资，但被公司拒绝，理由是公司已向其发过聘书，聘书就是劳动合同。

【争议】

公司认为，公司已经向李某发出了聘书，聘书中不仅通知李某前去报到，还对李某的工作岗位等重要信息进行了说明，且加盖了公司公章。

李某认为，聘书不等于劳动合同，因此双方未签劳动合同，公司应该支付其工作期间的双倍工资。

【评析】

本案的关键在于聘书是否属于书面劳动合同，如果是，公司当然不必每月向李某支付两倍工资；反之，则应每月向李某支付两倍工资。

而事实上，聘书并不等同于书面劳动合同：

首先，本案聘书只是一个要约。劳动合同的成立需经过要约、承诺、签约三个步骤。聘书属于公司经过面试后，希望与李某建立劳动关系的单方意思表示，即要约，接受则意味着承诺，双方还应当据此签订劳动合同。

其次，本案聘书不具有劳动合同的效力。

《劳动合同法》第十七条规定："劳动合同应当具备以下条款：

（一）用人单位的名称、住所和法定代表人或者主要负责人；

（二）劳动者的姓名、住址和居民身份证或者其他有效身份证件号码；

（三）劳动合同期限；

（四）工作内容和工作地点；

（五）工作时间和休息休假；

（六）劳动报酬；

（七）社会保险；

（八）劳动保护、劳动条件和职业危害防护；

（九）法律、法规规定应当纳入劳动合同的其他事项。

劳动合同除前款规定的必备条款外，用人单位与劳动者可以约定试用期、培训、保守秘密、补充保险和福利待遇等其他事项。"

现实中，如果聘书的内容具备了必备条款，劳动者也签字认可，表明双方对劳动关系的权利义务协商一致，聘书因此转化成了劳动合同，而具备劳动合同的效力；而劳动者未直接签字认可，则意味着尚未具有劳动合同的效力。

本案中，公司对李某所发聘书只对李某的工作岗位、工作报酬、聘期进行了说明，且只有公司单方盖章，并没有包含其他必备条款，也未经李某签字认可，故不能视为劳动合同。

最终，法院审理认为，公司虽已发聘书，但仍必须向李某支付未签劳动合同的双倍工资。

案例 2-5

招聘新员工体检后变卦，用人单位被判返还体检费

【案情】

2016 年 2 月 11 日，曹先生收到了一份信息公司的面试通知，随后分别参加了该信息公司组织的笔试和技术主管当场面试，获得了通过。

2016 年 2 月 16 日，曹先生接到信息公司的入职通知书和体检通知书，按照公司的规定提交了个人入职材料、工资卡账号以及原公司的离职证明，同月 18 日，曹先生按照公司的要求参加了医院的入职体检。体检后两日，信息公司通知曹先生不予录用。

曹先生认为信息公司的行为侵犯了自己的合法权益，故诉至法院，请求判决信息公司按照劳动法的规定录用曹先生，并要求信息公司返还曹先生体检费用 100 元及交通费 600 元。另外，曹先生还要求信息公司赔偿因没有录用曹先生而造成的精神损失 10 万元。

【争议】

曹先生认为，既然自己成功通过了该公司的招聘笔试和面试所有流程，公司就应当录用自己，与自己建立劳动关系，签订劳动合同。另外，自己因参与该公司招聘流程所支出的体检费用 100 元及交通费 600 元，属于合理费用，应该由公司方面承担。

信息公司表示不能同意曹先生的诉讼请求。公司主张根据公司的招聘管理规定，公司招聘员工需经过人员增补申请、筛选、初试（包括笔试和面试）、复试、行政人事部门考核后，最终再由总裁室确定考核意见及是否录用。总裁室考核录用后，再通知应聘人员办理入职手续，双方签订《劳动合同》。曹先生通过复试后，公司总裁室综合考虑曹先生的各项优缺点后，最终决定不予录用。公司的招聘程序完全符合法律和公司的规章制度的规定，信息公司对曹先生不负有录用义务。

但鉴于曹先生在应聘过程中存在合理费用的支出，信息公司愿意补偿曹先生的 100 元体检费及合理的交通费。由于信息公司与曹先生并未建立劳动关系，信息公司认为曹先生无权要求公司支付任何经济补偿，更不同意支付曹先生 10 万元精神损失的诉讼请求。

【评析】

关于曹先生要求公司与自己建立劳动关系、签订劳动合同这一诉讼请求，用人单位依法享有自主用人的权利，这是用人单位的固有权利，不仅符合民法的意思自治原则，更是劳动法立法应有之义。

信息公司享有对应聘员工是否录用的决定权，在曹先生面试及体检后，信息公司对曹先生决定不予录用并无不当，对于曹先生要求信息公司录用其的诉讼请求，法院没有支持。但曹先生在应聘过程中支付的体检费和交通费属于合理费用，法院支持曹先生要求信息公司返还 100 元体检费的诉讼请求。由于曹先生没有提供相关交通费支出的证据，因此，曹先生要求信息公司返还交通费的诉讼请求法院不应予以支持。

关于曹先生 10 万元精神损失费的诉讼请求，现实中应注意的是，对精神损害进行金钱救济是必要的，但只有在金钱赔偿对于受害人受到侵害的精神和心理状况恢复正常的确有必要时，才应当考虑金钱赔偿。在任何具有精神损害的损害后果的案件中，受害人首先应当承担的是停止侵害、恢复名誉、赔礼道歉等民事责任，只有在上述民事责任不能起到救济作用的情况下，才承担赔偿损失的责任。

由此可见，曹先生要求信息公司赔偿 10 万元精神损失明显缺乏相关法律依据，法院没有支持曹先生 10 万元的精神损失赔偿。

最后，法院判决信息公司向曹先生支付体检费 100 元，驳回了曹先生其他诉讼请求。

案例 2－6

法定代表人变更后也应继续履行劳动合同

【案情】

2014 年 6 月，张某与上海某机械公司签订了为期三年的劳动合同，约定从事人力资源管理工作。2015 年 3 月，机械公司更换了法定代表人，将张某安排到其下属一家企业当推销员。张某要求机械公司按照合同的约定安排自己的工作，而机械公司方面不同意张某的要求。

由此，双方协商不成，发生争议，张某便向所在区劳动争议仲裁委员会提出申诉，要求机械公司继续履行双方签订的劳动合同。

【争议】

公司方面称，公司先前与张某之间的劳动合同是前任领导签订的，因此 2015 年初公司更换了法定代表人后公司就无须继续履行该劳动合同，也没有义务满足张某的要求。

张某认为，公司的原法定代表人与自己签订的劳动合同不应因法定代表人的改变而无效，新任法定代表人应当继续履行劳动合同，自己所提的要求为公司应尽义务。

【评析】

本案争议的焦点是机械公司的法定代表人改变后，机械公司的原法定代表人与劳动者签订的劳动合同是否仍然有效，新任法定代表人是否应当继续履行劳动合同。

《劳动合同法》第三十三条规定："用人单位变更名称、法定代表人、主要负责人或者投资人等事项，不影响劳动合同的履行。"根据该条规定，用人单位变更名称、法定代表人、主要负责人或者投资人等事项，不影响劳动合同的效力，用人单位与劳动者应当按照劳动合同的约定，全面履行各自的义务。在实践中确实存在这种情况，劳动合同订立后，有些用人单位因为更改了名称或者更换了法定代表人、主要负责人而拒绝履行劳动合同，还有的用人单位借口投资主体发生了变化而拒绝履行劳动合同。这是法律所不允许的。

《民法通则》规定："用人单位的法定代表人或者主要负责人的职务行为都是代表用人单位这个实体组织的行为。"《民法通则》第三十六条规定："法人是具有民事权利能力和民事行为能力，依法独立享有民事权利和承担民事义务的组织。法人的民事权利能力和民事行为能力，从法人成立时产生，到法人终止时消灭。"

法人的法定代表人，是依照法律或者法人组织章程的规定，代表法人行使职权的负责人。法人对它的法定代表人以及其他工作人员的经营活动，承担民事责任。公司的法定代表人是代表公司行使职权的主要负责人，他在劳动关系中的职务行为属于公司行为，而不是代表他个人的行为，只要公司的法人资格不变，法定代表人无论如何变动，都不应当影响公司享受权利和履行义务，一切法律后果都应当由公司承担。

本案中，机械公司前任领导作为公司的法定代表人与劳动者签订的劳动合同，只要符合相关的法律规定，即为有效的劳动合同，当事人双方就应当履行劳动合同规定的义务。当然，机械公司的法定代表人发生改变后，新任法定代表人作为公司的经营负责人，可能会对公司的生产经营做出重大调整，对工作人员的使用做出合理安排。在这种情况下，机械公司应当按照《劳动合同法》关于订立和变更劳动合同遵守合法、公平、平等自愿、协商一致、诚实信用的原则，与劳动者协商变更劳动合同的相关内容。

案例 2 -7

岗前培训费应由谁承担

【案情】

2015 年 3 月 19 日，张某与江西某汽车销售服务有限公司签订培训服务协议，协议约定张某保证经培训后达到胜任索赔员岗位的水平与要求，如未能达到，培训费将不予返还。

张某垫付了培训费后，前往公司指定的培训学校学习。但在培训期满后，公司却以张某没能通过培训考试而没有录用张某，并表示对培训期间的培训费、交通费等一概不予报销。

于是，张某向南昌县劳动争议仲裁委员会申请仲裁，后不服仲裁裁决书，向人民法院提出诉讼，请求公司报销其垫付的培训费、交通费等共计3200 元。

【争议】

公司认为，张某应当自己承担培训费、交通费。双方基于建立劳动关系的意愿签订了培训服务协议，该协议不违反法律规定，且为双方真实意思表示，合法有效。该协议明确约定如张某未能达到相关水平与要求，公司将不予报销培训费、交通费等。

张某认为，公司应当承担自己的培训费、交通费。依据法律规定，用人单位对劳动者进行岗前培训等一般培训，是用人单位应尽的法定义务。因此，用人单位不得要求劳动者承担岗前培训产生的培训费用，也无权向劳动者追索这些培训费用。

【评析】

对张某垫付的培训费、交通费，江西某汽车销售服务有限公司是否应当报销？

（1）《劳动法》第六十八条规定："用人单位应当建立职业培训制度，按照国家规定提取和使用职业培训经费，根据本单位实际，有计划地对劳动者进行职业培训。从事技术工种的劳动者，上岗前必须经过培训。"另外，《职业教育法》第二十条规定："企业应当根据本单位的实际，有计划地对本单位的职工和准备录用的人员实施职业教育。"第二十八条规定："企业应当承担对本单位的职工和准备录用的人员进行职业教育的费用，具体办法由国务院有关部门会同国务院财政部门或者由省、自治区、直辖市人民政府依法规定。"

可见，对劳动者进行岗前培训等一般培训，是用人单位应尽的法定义务，同时也是劳动者享有的法定权利。

（2）现实中，考虑到单位如果出资对劳动者进行了专业的技术培训，此时劳动者不辞而别或没有履行完劳动合同的义务而离职，确实会对单位造成一定的损失，对此，《劳动合同法》第二十二条规定："用人单位为劳动者提供专项培训费用，对其进行专业技术培训的，可以与该劳动者订立协议，约定服务期。劳动者违反服务期约定的，应当按照约定向用人单位支付违约金。"

可见，只有用人单位提供的培训是专项培训，培训的性质必须是专业技术培训，才可以要求劳动者承担违约赔偿责任。

在本案中，张某被公司派往外地参加岗前培训，属于一般性的培训，而非专项培训，且双方也没有约定服务期。由此可见，返还张某垫付的培训费、交通费等是公司应尽的义务。

案例 2-8

劳动合同主体什么情况下可以变更

【案情】

2013 年 10 月，宋某进入 A 集团公司工作，并签订了为期三年的劳动合同。2014 年 7 月，A 集团公司一部门从 A 集团公司分离，在上海成立 B 公司，宋某作为该部门的员工随部门至 B 公司工作，原为期三年的劳动合同未作变更和补充。2015 年 2 月，B 公司根据 A 集团公司的属地化管理政策，书面通知宋某 2013 年 10 月 12 日签订的劳动合同将于 2015 年 2 月 26 日变更为与 B 公司签订。宋某对此表示"拟同意按 A 集团公司的政策执行"，后双方未能就变更具体事宜达成一致意见。

B 公司于 2015 年 3 月 3 日书面报告 A 集团公司，要求解除与宋某的劳动合同。A 集团公司人力资源部批复同意解除。3 月 12 日，B 公司发出《关于解除宋某劳动关系的通知》，自 2015 年 3 月 15 日起解除与宋某的劳动关系。宋某先后 3 次书面要求 B 公司依法行事。3 月 20 日，A 集团公司人力资源部作出《解除通知》，通知宋某"自 2015 年 3 月 25 日起，解除与宋某的劳动关系"。宋某认为公司的解除行为属于违法解除，于 2015 年 4 月 12 日向劳动争议仲裁委员会申请仲裁。

【争议】

宋某称，自己最初是与 A 集团公司签订的劳动合同，虽然后来他所在的部门从 A 集团公司分离出去，但是其仍隶属于 A 集团公司，他仍旧是 A 集团公司的员工，他的劳动合同不应因他的部门分离出去而导致无效，在劳动合同履行期间，公司若想变更，应与他达成一致，现在公司想强行单方面变更，在未获他同意的情形下，强制单方面解除劳动合同，于法无据。

公司辩称，宋某所在的部门已经从 A 集团公司分离出去，成立了一个独立的公司，宋某本人也同意到 B 公司工作，劳动合同的主体既然发生了变更，原劳动合同自然也就失效了，公司应与宋某签订新的劳动合同，在跟宋某多次协商无法达成一致的情形下，才解除了劳动关系，公司的做法并无过错。

【评析】

本案主要涉及劳动合同主体变更后，劳动合同应当如何履行的问题。本案的主要争议点有二：一是宋某的用人单位究竟是 A 集团公司还是 B 公司？相应地，B 公司在诉讼中的地位如何？二是用人单位能否以企业分立为由解除劳动合同？

实践中，引起劳动合同主体变更的情况一般有两类，第一类是企业合并、分立的情况，第二类是用人单位将员工转至关联企业或其他公司的情况。根据劳动合同主体变更的不同情形，劳动合同权利义务承继的操作也有所差异。

在企业发生合并、分立等情况时，原企业与职工签订的劳动合同不解除，由新企业替代原企业继续履行劳动合同。《劳动合同法》第三十四条规定："用人单位发生合并或者分立等情况，原劳动合同继续有效，劳动合同由承继其权利和义务的用人单位继续履行。"《公司法》第一百七十五条规定："公司合并时，合并各方的债权、债务，应当由合并后存续的公司或者新设的公司承继。"

按照《公司法》的规定，合并是指两个以上的用人单位合并为一个用人单位，包括新设合并和吸收合并。新设合并指两个以上用人单位合并成为一个新的用人单位，原用人单位解散；吸收合并是指一个用人单位吸收其他用人单位，被吸收的用人单位解散，其权利义务一并由吸收的用人单位承担。按照《公司法》的规定，分立是指一个用人单位分成两个或两个以上的用人单位，包括新设分立和派生分立两种形式。新设分立指一个用人单位分成两个或两个以上新的用人单位，原用人单位解散；派生分立指用人单位分出一个或一个以上新的用人单位，原用人单位继续存在。可见，用人单位发生合并或分立的直接后果，是一部分劳动者要为新的用人单位提供劳动，用人单位主体发生了实质性的改变。

根据《劳动合同法》的规定，在分立、合并的情况下，用人单位这一劳动合同主体虽然发生了变化，但原劳动合同继续有效，产生权利义务的继承问题。劳动合同所确立的劳动者的权利义务及用人单位的权利义务均不发生变化，只是分立、合并中形成的新主体替代旧主体，成为劳动关系一方当事人，劳动关系双方当事人仍然按照原有劳动合同确定的权利义务履行双方的约定。

在企业没有发生合并、分立的情况下将劳动者安排至其他独立的用人单位工作而发生的劳动合同主体变更问题，法律只规定了劳动者的工龄必须合并计算，其他未做规定，在这种情况下应当充分尊重当事人的意愿，只要双方协商一致达成协议，就可以变更劳动合同的主体。因此，这种情况下的劳动合同的主体变更以劳动者同意为前提条件。

结合本案来看，对于第一个争议点，宋某与 A 集团公司之间存在着劳动合同关系，但是在劳动合同履行的过程中，A 集团公司发生了派生分立，成立了 B 公司，宋某的实际工作单位是 B 公司，接受其各项管理。从法律规定及用人单位便利管理的角度来看，宋某与 A 集团公司签订的劳动合同项下的权利义务应当由 B 公司予以继承，因此 B 公司要求宋某与其签订劳动合同并无不妥。对于第二个争议点，双方就 B 公司继承 A 集团公司与宋某签订的劳动合同项下的权利义务没有达成一致，根据劳动和社会保障部《关于贯彻执行〈中华人民共和国劳动法〉若干问题的意见》第三十七条的规定："用人单位发生分立或合并后，分立或合并后的用人单位可依据其实际情况，与原用人单位的劳动者遵循平等自愿、协商一致的原则，变更、解除或重新签订劳动合同。"也即如果劳动者与分立或合并后的用人单位达成一致意见，双方可以变更合同或重新签订劳动合同；如果劳动者与分立或合并后的用人单位没有达成一致意见，应当按照原用人单位与劳动者签订的合同享有及履行双方的权利和义务。因此本案中如果单位和劳动者未能协商一致变更劳动合同，不影响原劳动合同的履行，单位不得以此为由解除劳动合同，否则就会构成违法解除。

案例 2-9

不参加竞聘算自动离职?
法院判定此规定违法

【案情】

2005 年 10 月 24 日，上海某证券经纪有限责任公司某证券营业部（以下简称公司）成立，冯先生自其成立之日起便在该公司工作，先后担任过司机、客户经理等职。

2008 年起，冯先生担任公司办公室主任职务。

2015 年 4 月，公司开展营业部全员竞聘上岗工作，并在《关于营业部岗位竞聘工作相关事项的通知》中载明："营业部全体员工必须参加本次竞聘，如无故不参加竞聘，公司将以自动离职处理。"其间，冯先生未参加任何岗位的竞聘。

2015 年 4 月底，竞聘结束后，公司将办公室主任的职位更名为综合管理员兼出纳，同时未给冯先生安排任何工作岗位。

2015 年 8 月 21 日，公司向冯先生邮寄《劳动关系处理通知书》，载明："在我司于 2015 年 4 月组织的全员竞聘过程中，已向全体员工下达通知，但你却未参加竞聘，且你此后一直未到公司上班，公司已决定对你按自动离职处理。现我司正式对你进行通知，望接到通知后七日内到公司办理相关的离职手续及档案、社会保险转移手续。"同时，公司向冯先生说明双方劳动合同于 2015 年 8 月 15 日解除。

冯先生对公司处理意见不服，向劳动争议仲裁委员会申请仲裁，仲裁委员会审理后认定公司解除劳动关系决定违法，并裁决公司向冯先生支付 2015 年 4～8 月工资、解除劳动关系的经济补偿金近 6 万元。

公司和冯先生均对裁决结果不服，先后起诉到法院。

【争议】

公司诉称：2015 年 4 月公司内部开展竞聘，将岗位名称重新设定，但冯先生拒绝参加竞聘，同时拒绝上班。2015 年 8 月 15 日，因冯先生拒绝参加竞聘且连续旷工达4个月之久，公司遂向其发出《劳动关系处理通知书》，并开具退工单，并无不当，要求驳回冯先生的诉讼请求。公司同时提供了公司两位尚在职员工的证人证言，以证明自2015年4月竞聘结束后，冯先生就没有来上过班，其行为构成旷工。

冯先生辩称：公司的竞聘文件没有事先传达给自己，且竞聘岗位要么要求有证券从业资格，要么要求有会计从业资格，根本没有适合自己的岗位，而且所有竞聘岗位的工资远远低于自己目前的工资，是公司故意设置门槛使自己无法竞聘。公司于2015年4月1日突然撤销其办公室主任职务，且不安排任何工作，但其仍坚持每天到岗，不认可公司所述的连续旷工事实。2015年8月15日，公司突然提出解约，并于当日为其办理了退工手续。公司未支付其2015年4月1日至2015年8月15日的工资。

【评析】

就本案而言，公司要求员工重新竞聘上岗，并将营业部岗位重新设置的行为在法律属性上属于公司单方面要求变更其与劳动者之间正在履行的劳动合同，必须遵循协商一致的原则。如果不能协商一致，公司不能解除与员工的劳动合同。

冯先生自2008年起即担任公司的办公室主任职务，而公司在2015年4月强行要求冯先生参加竞聘，并撤销冯先生的办公室主任岗位，也没有安排其他管理岗位给冯先生。因此，公司擅自撤销冯先生的工作岗位，属于用人单位未按照劳动合同约定提供劳动条件并单方面变更劳动合同，公司违约在先并导致冯先生无班可上。所以，在2015年4月竞聘结束后，即使冯先生确实如公司所说没有上班的话，那责任也完全在公司，不能认定为旷工。

法院经审理后认为，因用人单位作出的开除、除名、辞退、解除劳动合同、减少劳动报酬、计算劳动者工作年限等决定而发生的劳动争议，由用人单位承担举证责任。

本案中，公司的证人证言与冯先生自书的申请书所载内容吻合，可以证实冯先生事先清楚竞聘文件，但其系因闹情绪而未参加竞聘的事实。根据原被告劳动合同约定，公司安排被告从事管理工作，亦可临时安排被告做其他工作，或调整工作岗位，但就如何调整岗位的方法未做具体约定。

冯先生自 2008 年起就一直担任办公室主任职位。2015 年 4 月以后公司将办公室主任（已更名为综合管理员）一职空缺，但未为冯先生安排其他的工作岗位。虽然公司表示由于冯先生未参加岗位竞聘，造成冯先生没有岗位，但双方合同中并未约定冯先生需参加岗位竞聘后才能获得工作岗位，公司此举是对劳动合同内容的变更，该变更的行为没有事先与冯先生进行协商并征得冯先生同意，应视为单方面的变更行为。

因此，公司在《关于营业部岗位竞聘工作相关事项的通知》中所做的"营业部全体员工必须参加竞聘，如无故不参加竞聘，公司将以自动离职处理"的规定对冯先生不发生效力。

关于冯先生 2015 年 4 月起是否旷工一事，公司在 2015 年 7 月之前对员工并未执行考勤制度，公司仅凭口述难以证实冯先生旷工的事实。公司的证人也证实在实行竞岗后也能见到冯先生出入办公室，只是在公司待的时间没有达到每天 8 小时而已。公司在 7 月之后虽然实行打卡考勤，但并未针对每一个员工执行考勤。因此，公司无法证明冯先生在 2015 年 4 月以后连续旷工数月的事实。

基于以上事实，法院认为，公司以冯先生没有参加公司组织的全员竞聘、冯先生自 2015 年 4 月起连续旷工为由，按冯先生自动离职与冯先生解除劳动合同，缺乏确凿的证据和法律依据。公司向冯先生提出解约，属于无故解约。

最终，法院判决公司应支付冯先生 2015 年 4 月 1 日至 2015 年 8 月 15 日的工资、违法解除劳动合同赔偿金等共计 18 万余元。

案例 2 – 10

试用期可否延长

【案情】

2015 年 7 月，小李被某中日合资公司聘为日语翻译，双方签订的三年期劳动合同中规定试用期为 3 个月。

2015 年 7 月 19 日，小李因患胃溃疡病造成胃出血，住院治疗 2 个多月。出院时，小李的试用期即将届满，公司决定将小李的试用期延长 2 个月。小李不服，提起诉讼。

【争议】

小李认为，既然公司已经明确约定了试用期，就不能私自延长，况且，公司在试用期内未证明她不符合录用条件，就说明她能胜任工作，没有道理再延长试用期。

公司认为，小李住院 2 个多月，导致公司根本无法考察小李的各项表现，延长试用期也是合情合理的。

【评析】

合资公司的做法看似合理其实有很大的法律风险，原因是公司单方面变更劳动合同条款。按照《劳动合同法》第三十五条规定："用人单位和劳动者协商一致，可以变更劳动合同约定的内容。"公司未征得小李同意，擅自决定将小李的试用期延长两个月的行为，违反了上述规定，单方面变更（即延长）试用期的决定没有法律依据。

为限制用人单位约定试用期的随意性，《劳动合同法》第十九条规定："劳动合同期限三个月以上不满一年的，试用期不得超过一个月；劳动合同期限一年以上不满三年的，试用期不得超过两个月，三年以上固定期限和无固定期限的劳动合同，试用期不得超过六个月。同一用人单位与同一劳动者只能约定一次试用期。"

就本案而言，参照《劳动合同法》第十九条的规定，小李签订了三年的固定期限劳动合同，可约定不超过六个月的试用期，但是既然合同中已经约定了三个月的试用期，双方就应该遵守合同约定，随意单方面的延长非但违反协商一致变更劳动合同的原则，更违反了试用期只能约定一次的法律规定。

但需要注意的是，有时候因为劳动者自身的原因，比如试用期内长时间病假，使得试用期单位全面考察员工的目的无法实现，为单位以后的用工埋下隐患；同时也不能排除有些劳动者故意借助病假的保护，跳过试用期直接转正，致使用人单位无法对其进行考核，客观上也增加了单位的用工风险和成本。那么有没有两全其美的解决办法，既能够让员工享受应有的病假待遇，又能够让用人单位在不违法律规定的前提下全面考察试用期员工呢？在这里可以提供一个解决的思路。《上海市劳动合同条例》第二十六条第（三）项规定："劳动合同期限内，有下列情形之一的，劳动合同中止履行……（三）法律、法规规定的或者劳动合同约定的其他情形。……劳动合同中止情形消失的，劳动合同继续履行。"虽然《劳动合同法》里并没有关于中止的规定，但是因为《上海市劳动合同条例》属于上海地方法规，目前依然有效且与劳动合同法并不冲突，可以视作对《劳动合同法》的有益补充。由此，我们可以依据地方法规在劳动合同中约定，如果试用期员工长时间请病假，致使单位无法考察员工试用期表现的，劳动合同中止，待员工病愈后继续履行剩余试用期，这样的话，单位面临败诉的风险将小得多。

案例 2 – 11

违反交通规章能否成解除劳动关系理由

【案情】

张某是湖北武汉人,属于农村户口。2014 年 12 月 1 日,张某进入上海某咨询公司任行政司机工作,双方签订了期限为 2014 年 12 月 1 日至 2017 年 11 月 30 日的劳动合同,合同约定张某的月薪为 4000 元,岗位职责为:听从内勤每日的用车安排,保证行车安全;严格遵守国家有关的交通管理法律法规。公司为张某购买了商业保险。

2015 年 10 月 20 日晚,张某驾车送公司的一名外籍客户至机场,后该客户向公司投诉说:张某在行驶的过程中多次违章变道,几次险些和其他车辆发生碰撞,致使自己一路上非常紧张,因此对公司的服务印象也大打折扣。后公司和张某沟通,张某也承认了自己确实有过违章变道的做法,但主要是为了赶时间,担心客户误了飞机。

【争议】

公司认为张某的做法已经严重影响公司在客户心中的印象,并造成了极坏的影响。2015 年 10 月 30 日,公司以张某多次交通违章,并造成坐车人不安全,已经构成严重违纪为由解除了与张某的劳动合同。

张某认为,虽然自己有过一次超速和两次交通碰擦事故,但事出有因,超速是为了急着赶回公司接送客户,两次交通碰擦都是较小的交通事故,并且是因为当时雨天路滑,更何况没有造成人员伤亡,只是发生了几百元的修理费,并且由保险公司赔偿了。公司对自己的解除理由不充分,属于违法解除,因此张某向仲裁委申请了仲裁,要求公司补缴 2014 年 12 月 1 日至 2015 年 10 月 30 日的城镇三险,并支付违法解除劳动合同的赔偿金。

【评析】

日前,该案已经审结。仲裁庭经过审理后认为,虽然张某的交通违章行为确实也属于公司规章制度中规定的严重违纪行为，但从事司机这个职业，交通违章在所难免，在没有造成严重后果的情况下不应该认定为严重违纪。公司仅仅以张某有几次普通的交通违章为由就解除与张某的劳动关系，处罚有点太严厉了。后经仲裁庭的多次调解，双方达成了调解协议，由公司一次性支付张某 8000 元的经济补偿，张某放弃其他请求。

本案的争议焦点主要有以下几点：

1. 公司能否以司机张某存在交通违章为由解除其劳动关系

公司认为自己对张某的岗位职责做了具体的约定，要求他必须严格遵守国家有关的交通管理法律法规。另外，公司的员工手册上明确规定：违反法律的行为属于严重违纪，公司可以依法解除且不需要支付任何经济补偿金，张某对员工手册进行了签收。而张某作为一名驾驶员，在职期间多次违反交通法规，对公司的信誉造成极坏的影响，张某的行为已经构成了严重违纪，因此公司对张某的解除属于合法解除。

而张某却认为，虽然自己在担任驾驶员工作期间有过几次违章，但都是比较轻微的事故，没有造成人员伤亡或较大的财产损失，更何况都事出有因，不存在故意或重大过失。因此公司直接解除与自己的劳动关系的做法处罚太严重了，构成了违法解除。

那么，公司以张某存在交通违章为由解除其劳动关系到底是否合法呢？根据公司的规章制度的规定，张某的行为确实属于严重违纪的范畴，公司以此为由解除其劳动关系似乎是"有法可依"，但是公司在没有对张某事先做过任何书面警告或记过的情况下就直接解除其劳动合同的做法过于严厉，更何况张某的违纪行为并没有给公司的财产或者信誉造成重大损失，公司的做法不合理，同时法律依据也不是很充分。

2. 张某能否要求公司补缴 2014 年 12 月 1 日至 2015 年 10 月 30 日的城镇保险

由于张某是外地农村户口，根据上海市的社会保险政策的规定，对于外地农村户口，自 2011 年 7 月 1 日《社会保险法》实施后，与本市用人单位建立劳动关系的外来从业人员，都应当参加本市的城镇保险，并按照本市规定的缴纳基数和比例缴纳社会保险费。其中，非城镇户籍的外来从业人员应按规定参加养老、医疗、工伤三项社会保险，直到 2016 年 4 月 1 日后社会保险完全并轨为止。因此，根据该规定，张某可以要求公司为其缴纳 2014 年 12 月 1 日至 2015 年 10 月 30 日的城保三险，但是自 2013 年 7 月后，除非涉及到因公司未缴费而使劳动者无法享受退休待遇的情形，仲裁和法院都已经不再受理社保补缴的纠纷，对于此类维权，可以通过劳动监察或者社保稽查解决。

案例 2 – 12

王阿姨可以得到经济补偿金吗

【案情】

2011 年 3 月底，王阿姨经人介绍到本区某贸易公司工作，主要负责给 30 多名员工做午饭和晚饭，贸易公司和王阿姨签了五年期劳动合同，即 2011 年 4 月 1 日至 2016 年 3 月 31 日，王阿姨手脚勤快又爱干净，深得大家的喜欢。可是到了 2015 年 1 月，贸易公司新聘了 3 名外地来的业务员，口味与本地员工完全不同，时不时向王阿姨提出一些稀奇古怪的要求，王阿姨不得不给 3 名员工另开小灶，时间一长，王阿姨颇觉劳累，于是向经理提出是不是让 3 名业务员到外面自己解决用餐，谁知经理不但没有同意，反而把王阿姨批评了几句。到了 4 月底，王阿姨在市区工作的儿子打电话来让王阿姨去照顾快要临产的儿媳，王阿姨没多想就向经理递交了辞职报告，在辞职理由一栏，王阿姨填写了"家中有事须照料"，经理在了解了王阿姨的家庭情况后同意了辞职申请。

2015 年 5 月 20 日，王阿姨到银行查询工资卡时发现 4 月工资比前几个月发的工资少了 300 元，遂打电话询问贸易公司，但办公室秘书却每次都以经理出差为由不予答复。王阿姨联想到之前经理为 3 名外地业务员批评她的事情，怀疑经理是故意克扣了 4 月工资，于是向区仲裁委员会申请劳动仲裁，要求公司补足 4 月工资，并要求公司根据《劳动合同法》第三十八条和第四十六条的规定支付解除劳动合同经济补偿金。

【争议】

王阿姨认为，根据《劳动合同法》第三十八条的规定，用人单位未及时足额支付劳动报酬的，劳动者可以解除劳动合同。进而，依照《劳动合同法》第四十六条第一款规定，劳动者依照本法第三十八条规定解除劳动合同的，用人单位应当向劳动者支付经济补偿。

贸易公司认为，公司少发王阿姨 4 月工资 300 元可以补足，但涉及到经济补偿金，公司却不应支付。王阿姨当初是自己辞职离开公司，根据合同约定，王阿姨应当提前一个月辞职，但考虑到王阿姨的家庭情况，公司没有为难王阿姨，当天就让王阿姨辞职回家了，另外王阿姨在辞职时理由是家中有事，公司并没有少发工资的"违法行为"。

【评析】

虽然贸易公司在王阿姨辞职后支付 4 月工资时出现瑕疵，但与王阿姨的辞职理由并无关系，因此王阿姨要求贸易公司根据《劳动合同法》第三十八条和第四十六条的规定支付解除劳动合同经济补偿金自然没有事实依据，据此仲裁委员会最终裁决贸易公司补足 2010 年 4 月工资，但对王阿姨要求贸易公司支付解除劳动合同经济补偿金的请求不予支持。

本案是典型的误解《劳动合同法》第三十八条关于劳动者可以解除劳动合同的情形以及第四十六条关于何种情形下用人单位应支付解除劳动合同经济补偿金的案例。

《劳动合同法》第四十六条规定："有下列情形之一的，用人单位应当向劳动者支付经济补偿：（一）劳动者依照本法第三十八条规定解除劳动合同的……"而《劳动合同法》第三十八条规定："用人单位有下列情形之一的，劳动者可以解除劳动合同：（一）未按照劳动合同约定提供劳动保护或者劳动条件的；（二）未及时足额支付劳动报酬的；（三）未依法为劳动者缴纳社会保险费的；（四）用人单位的规章制度违反法律、法规的规定，损害劳动者权益的；（五）因本法第二十六条第一款规定的情形致使劳动合同无效的；（六）法律、行政法规规定的其他情形。"

规定劳动者可以解除劳动合同的其他情形：用人单位以暴力、威胁或者非法限制人身自由的手段强迫劳动者劳动的，或者用人单位违章指挥、强令冒险作业危及劳动者人身安全的，劳动者可以立即解除劳动合同，不需事先告知用人单位。

　　仔细研读以上两条法律规定，不难发现，劳动者必须以《劳动合同法》第三十八条规定的情形（之一）为理由向用人单位提出辞职，劳动者才可以要求用人单位支付经济补偿金。本案中，王阿姨的辞职理由是"家中有事须照料"，显然不是《劳动合同法》第三十八条规定的任何情形，因此王阿姨主张经济补偿金没有法律依据。

案例 2-13

程序颠倒，公司如此解雇是否有效

【案情】

2014 年 6 月，张先生进入上海某机械设备公司工作，担任公司生产基地的经理，全权负责生产基地的管理工作。公司与其订立了为期三年的劳动合同，约定张先生的月工资为 10000 元。

入职后，张先生工作认真负责，因为成绩突出，多次受到公司嘉奖。2015 年 1 月起，公司还将其工资调整为每月 15000 元。

但好景不长，2015 年底，公司业绩大幅下滑，因此，公司决定裁减一部分高薪管理人员。张先生也在公司意欲裁减的人员名单中。公司领导要求尽可能降低解雇成本，于是公司人力资源部针对不同人员采取了不同的解约方式。

2016 年 3 月 16 日，人力资源部电话通知张先生，因其"多次瞒报生产基地工伤事故骗取安全奖励、涉嫌监守自盗及商业贿赂"，所以公司决定即日解除劳动合同，并采取措施强行要求张先生立即离开公司。2016 年 3 月 18 日，公司将解雇张先生的情况通报了工会。

对于公司解雇自己的行为，张先生不能接受，对于公司的解雇理由，张先生更感气愤，他认为这是对自己的诬陷。交涉无果，张先生委托律师于 2016 年 5 月 20 日申请劳动争议仲裁，要求单位支付违法解除的经济赔偿金。公司得知张先生提起劳动争议仲裁后，于 2016 年 5 月 27 日向当地公安机关报案，要求立案侦查张先生涉嫌盗窃及商业贿赂等行为。

【争议】

公司认为，张先生存在多次瞒报工伤事故的情况，以此骗取安全生产奖金，张先生的瞒报行为已经严重违反了公司的规章制度，而且公司也已就此事向公安机关报案，故公司的解除行为完全合法。

张先生认为，公司的说法完全是对自己的诬陷，公司并无证据证明自己骗取安全生产奖金，另外公司虽然向公安机关报案，但公安机关并未查得自己存在骗取的行为。故公司的解除行为违法。

【评析】

本案争议焦点在于用人单位对张先生的解除行为是否合法。

《劳动合同法》第三十九条规定："劳动者严重违反用人单位的规章制度的；严重失职，营私舞弊，给用人单位造成重大损害的；被依法追究刑事责任的等，用人单位可以与其解除劳动合同。"也就是说，只有劳动者存有上述情形，用人单位才能对其实施过失性解除。而《最高人民法院关于审理劳动争议案件适用法律若干问题的解释》第十三条规定："因用人单位作出的开除、除名、辞退、解除劳动合同、减少劳动报酬、计算劳动者工作年限等决定而发生的劳动争议，用人单位负举证责任。"

在此案的庭审中，公司为证明张先生存在多次瞒报工伤事故的情况，找了公司的两名员工出庭作证。证人列举了几名发生工伤人员的名字，称公司对他们受工伤的情况不知情，由此证明张先生存在骗取安全生产奖金的瞒报行为。但是，公司提供的工资单却显示张先生有好几个月的安全奖都被扣除，同时，证人称公司不知情的一名工伤人员的工伤情况还被公司通报过，有通报为证。最终，两位证人的证言未被仲裁庭采信。

公司为证明张先生存有涉嫌监守自盗及商业贿赂的事实，提供了其向公安机关报案的回执单。但回执单只能证明公司报过案，不能证明张先生有监守自盗及商业贿赂等违法的事实，且公司报案时间显示，公司报案是在解除劳动合同之后才进行的。最终仲裁庭认定，公司解雇张先生的严重违纪理由，因证据不足，难以成立，故公司解除张先生劳动合同的行为是违法的。

本案除了员工"严重违纪"事实证据不足外，公司在解除程序上也存在违法行为。首先，公司认为张先生涉嫌触犯刑事责任而解除合同在先，向公安机关报案在后。公司在没有相关证据证明的前提下"先入为主"，作出解除决定是违反程序的。其次，公司于 2016 年 3 月 16 日解雇张先生，没有出具任何书面通知，也没有出具退工单，只是电话通知并强行要求其离开公司的行为，也同样是违反法律规定的。

本案中公司最终为自己的违法行为承担了支付双倍经济补偿金标准的赔偿金的法律责任。事实上，如果公司确因生产经营发生严重困难，根据《劳动合同法》第四十一条的规定，通过合法程序可以进行裁员，也可以通过协商解除劳动合同，并依法支付经济补偿金。依法行事，比违法解雇的成本要低得多。

在此，我们提醒用人单位以劳动者严重违纪为由解除劳动合同的，必须要有充分确凿的证据来证明劳动者存有情节严重的违纪事实，在程序上还应当事先通知工会，听取工会意见，并将解除理由书面通知劳动者本人。

案例 2－14

女职工"未婚先孕"，公司可以解除与她的劳动合同吗

【案情】

周某是本市某信息技术公司的职工，公司与其签订了期限为 2015 年 11 月 22 日至 2016 年 11 月 21 日的劳动合同。2016 年 10 月，周某意外怀孕，遂于 2016 年 10 月 20 日起以请两周保胎假的方式告知公司其怀孕的情况，公司则以其尚未到达法定婚龄，"未婚先孕"的行为违反了公司的《员工手册》规定，造成恶劣影响为由开除周某。周某不服申请仲裁，要求恢复与公司的劳动关系。

【争议】

周某称，自从 2015 年 11 月进入公司以来，工作一直比较努力，由于表现出色，公司曾给予奖金奖励。现在发现意外怀孕，本想与公司协商妥善处理此事，但未想到公司竟以"未婚先孕"为由与其解除劳动关系，而她本人从未听说过公司有此《员工手册》。并且，公司的做法违反了《劳动合同法》的有关规定，故要求恢复劳动关系，并要求公司支付仲裁期间的工资损失。

公司辩称，公司原计划在与周某签订的为期一年的合同到期后与其终止劳动关系，周某尚未达到法定婚龄就未婚先孕，这种行为既违反了《上海市计划生育条例实施细则》，也违反了本公司的《员工手册》，其中明确规定"员工违反计划生育的（包括'未婚先孕'），属于严重违反公司规章制度，公司将予以停薪留职或开除处分"。故解除与周某的劳动合同并无不当。

【评析】

本案的争议焦点是：女职工"未婚先孕"，公司可否以此为由解除与劳动者的合同？

由于女职工的生理特点，在特定时期，劳动工作中会存在一些特殊困难。为保护女职工的健康，减少和解决她们因生理特点而造成的特殊困难，国家对女职工实行特殊的劳动保护。从 1988 年国务院颁发的《女职工劳动保护规定》开始到后来的《劳动法》《劳动合同法》和《劳动合同法实施条例》《女职工劳动保护特别规定》都明确规定了女职工孕期、产期、哺乳期应享受的相关待遇。2007 年，《上海市实施〈中华人民共和国妇女权益保障法〉办法》中又增设了对妇女孕期和哺乳期的特殊保护规定。

本案中，公司所援引的《上海市计划生育条例实施细则》第三十四条规定："对无计划生育的在职职工，其公司可以给予警告、记过、记大过、降级（或者降薪）、撤职、留用察看的行政处分；情节严重，影响很坏的可以开除。但所在公司在作出开除职工决定之前应征求所在区、县计划生育委员会的意见。"第四十条规定："未经结婚登记而生育的，视为无计划生育。"由于"未婚先孕"属于尚未生育，与"无计划生育"不是相同概念，公司依此两条规定作出开除周某的决定似是而非。另外，自 2004 年 4 月 15 日起，《上海市人口与计划生育条例》开始施行，原《上海市计划生育条例》同时废止，并且《上海市计划生育条例实施细则》也已于 2007 年 6 月 21 日被废止，公司再以此细则为依据开除周某无法律依据。

《上海市实施〈中华人民共和国妇女权益保障法〉办法》第二十条规定："各公司在录用女职工与其签订劳动（聘用）合同或者服务协议时，应当依法约定女职工的岗位、劳动报酬、劳动安全卫生等事项，并不得以任何形式规定限制女职工结婚、生育的内容。有下列情形之一的，用人公司不得解除女职工的劳动（聘用）合同，但法律、行政法规另有规定的除外……（三）在孕期、产期、哺乳期内的。"周某在孕期内，除因其自行提出解除劳动关系或构成严重违纪外，公司不能解除与其的劳动合同，最终区仲裁委裁决撤销公司作出的解除劳动关系的决定，并由公司支付周某仲裁期间的工资损失。

当然，周某的"未婚先孕"从道德的角度来看是易被非议的，对其公司内部舆论会带来不良影响。但这属于其个人行为，由民事法律调整，如果触犯了计生条例的有关规定，也应由当地区（县）计划生育委员会来制约。

公司与职工间形成的劳动用工关系，应当遵循劳动法律法规的规定，故公司对周某就未婚先孕的事实作出处分的决定有越权管理的嫌疑。鉴于劳动法律法规对孕期女职工的保护，公司不能以女职工"未婚先孕"为由将其开除，从而逃避企业应当承担的社会责任。

案例 2 – 15

食堂员工用洗菜盆洗经期内裤被开

【案情】

2016 年 5 月 20 日，位于通州区的北京某科技有限公司领导收到员工举报，内容为 2016 年 1 月 13 日，食堂员工肖某用公司食堂洗菜盆清洗经期内裤。后经公司食堂负责人、员工取证确认了此事，肖某也予以认可。北京某科技有限公司称，该事件发生后，在公司引发恶劣影响，数名员工因此事前往医院进行身体检查，几十名员工写联名信要求彻查此事并开除肖某。公司食堂连续 10 多天无人用餐，公司只能临时给员工订餐来弥补肖某造成的影响，后将肖某开除。

仲裁期间，仲裁委以公司未提供制度依据为由认定公司解除劳动合同系违法行为。仲裁委裁决公司支付肖某违法解除劳动合同赔偿金 7 万余元和 2016 年 5 月 26 日至 6 月 7 日的工资 672.18 元。公司不服仲裁裁决，将肖某起诉至法院，请求法院判决公司无须支付该项违约金和工资。

【争议】

庭审中，肖某称，她于 2006 年 9 月入职原告公司，作为食堂工作人员，在公司食堂工作近 10 年了，对于食品安全的规章制度，肖某表示并不清楚，公司也没有培训过。那天确实有用洗菜盆洗过内裤，但这种事情并不是经常发生，洗的衣物也不是经期的。

原告提供的证据显示，肖某承认了自己洗经期内裤的事实，写了检讨书并签了字。对此，肖某称，她是受到了该公司人事部工作人员的威逼利诱。肖某认为，自己的行为确实是不好的事情，但并不构成严重违纪的行为，公司对该行为没有明文规定，肖某还提出，甚至还有食堂员工用洗菜桶泡澡，自己并非个例。

经调解，由原告方支付给被告肖某违法解除劳动合同赔偿金 4 万元。

【评析】

根据《劳动合同法》第三十九条的规定，劳动者严重违反用人单位规章制度的，用人单位可以解除劳动合同。何种行为属于严重违反用人单位规章制度，则需要由用人单位根据自身需求加以明确。当然在制定涉及员工切身利益的规章制度的时候要符合内容合法、程序合法、履行公示或告知义务的要素。所谓内容合法就是不能与法律法规相抵触，所谓程序合法就是要走民主程序，最后告知劳动者。本案中，企业的规章制度里并没有禁止员工用食堂的洗菜盆洗内裤的规定，那么以严重违纪为由解除劳动合同就没有了依据。但是，凡事不能过于极端，劳动者在履行劳动合同的时候，除了应当遵守单位的规章制度外，还应当本着诚实信用的原则，忠实地履行劳动合同赋予的义务。这个也是劳动合同履行的必要条件和基础。劳动者违反了其应遵守的基本义务，作为用人单位根据情节轻重给予惩罚并无不可。再者，用人单位的规章制度也不是万宝全书，不可能包罗万象，穷尽所有的内容，如果以规章制度没有规定而一概否决用人单位对员工的惩戒权，未免过于苛刻。结合本案情况，食堂工作人员用洗菜的盆子清洗个人月经期的内裤，无论从哪个角度来看都是严重违背职业道德和自身工作职责的行为，如果这样的行为用人单位都不能做出处罚，那么其他用餐员工的利益如何保障？要是有其他员工效仿，抓住单位规章制度的漏洞而做出过分的事情，企业如何进行管理？

对于最后的结果是否合理可能是见仁见智的问题。但在案例中用人单位本身存在一定的瑕疵也是事实。比如，有没有对员工及时进行教育培训？即使做过培训，有没有注意证据的收集和保留？在日常的管理上有没有尽到职责？规章制度的制订是否严密？有没有兜底条款的设计？等等。这些都是对用人单位的警示。

案例 2-16

是辞职还是协商解除劳动合同

【案情】

王先生于 2010 年 11 月与某 IT 公司签订了为期三年的劳动合同，担任公司的营销经理。2011 年 10 月底，该公司办公地址转至该市高新技术开发区。前后两个办公地址位处该市的东西两个方向，仅单程就需要近一个半小时的车程。基于工作地址的变更，不适合自己孩子上下学需要接送的客观情况，王先生向其部门总监递交了一份书面申请，要求公司解除与他的劳动合同。总监认为这份申请是王先生的辞职申请，便依据公司的辞职批准程序逐级上报。但是人力资源部总监拿到这份辞职申请后却发现了问题，这一纸申请表面上看是王先生希望离职，但他的措辞又隐藏着公司解除与他的劳动合同的要求。虽然是王先生先有离职意向，但由谁主动提出，如何提出，不仅处理程序不同，还会涉及到是否需要支付经济补偿金的问题。这种模棱两可的问题最为棘手，于是人力资源总监拨通了我们的咨询电话。

【评析】

本案有两个焦点问题：王先生的要求到底属于辞职，还是要求与公司协商解除劳动合同？公司是否需要支付经济补偿金？

辞职是劳动者单方面解除劳动合同的行为，如递交"辞职信"、提交"离职申请"等；协商解除劳动合同是一种双方解约行为，协商一致是解除劳动合同的关键所在。通常情况下，员工提出辞职，即使得到用人单位同意，也不会产生"协商解除劳动合同"的法律后果。如果劳动者表达的只是一种要求解除合同的意向，或者以满足某种条件作为解除劳动合同的要求，则应属于由员工提出的协商解除合同。本案中的王先生申请公司解除与他的劳动合同，显然是要求与公司协商解除，即使公司同意王先生的申请与其解除劳动合同，也无须向王先生支付解除劳动合同的经济补偿金。

无论是从法律的角度，还是管理的角度，对于王先生提出的申请，公司都应综合考虑自身的立场和需要来选择做法。如果有协商的可能性，尽量融合法理与情理协商解决。

另外一个问题是：王先生能否依据《劳动合同法》第四十条第（三）项的规定获得经济补偿金呢？《劳动合同法》第四十条规定："有下列情形之一的，用人单位在提前三十日以书面形式通知劳动者本人或者额外支付劳动者一个月工资后，可以解除劳动合同……（三）劳动合同订立时所依据的客观情况发生重大变化，致使劳动合同无法履行，经用人单位与劳动者协商，未能就变更劳动合同内容达成协议的。"按照原劳动部的解释，单位搬迁属于客观情况发生重大变化的情形，但是是否导致合同无法履行，按照目前的司法实践来看，要分情况讨论：一种情形是搬迁在同一行政区域内，比如同在上海，这个时候如果单位提供了适当的便利，如班车或者提供交通补贴及上下班时间上的补贴，那么尚不构成劳动合同无法履行，此时单位安排劳动者工作，劳动者不能拒绝，否则单位有权解除劳动合同，且不支付补偿。另一种情况是单位的搬迁超出了同一个行政区域，这时候无论是否提供便利，都可以视作客观情况发生重大变化，如果劳动合同中对工作地点无特别约定，或者有约定但是结合劳动者工作岗位看约定过于宽泛不合理，劳动者有权拒绝去新工作地点的，此时可以认为双方就变更劳动合同不能达成一致致使合同无法履行，单位如解除劳动合同应当提前30天通知及支付相应经济补偿。结合本案来看，王先生的单位搬迁还是在同一个市区内，尽管两地相隔较远，但是如果提供了相应的便利，王先生以客观情况发生重大变化致使劳动合同无法履行，经双方协商不能就变更劳动合同达成一致的理由解除合同将得不到支持。

案例 2－17

申请辞职数月后"批准解除"属违法

【案情】

王女士于 2015 年 12 月进入上海某电器有限公司工作，任业务部经理一职。双方订立了为期三年的劳动合同，但没有书面约定劳动报酬，只是口头约定王女士年薪 8 万元，而公司则按照 3000 元/月的标准支付。为此，王女士多次找公司催讨差额工资，但总是被公司领导以各种理由推诿，这一现象持续将近半年，王女士实在忍无可忍，于 2016 年 5 月 10 日向公司提出书面辞职。基于王女士在电器销售方面能力突出、市场销售业绩好等因素，公司并没有同意她辞职，反而极力挽留，并承诺下半年会加薪，王女士于是打消辞职的念头，继续工作，辞职报告仍留在公司。

没过几个月，市场情况发生较大变化，王女士业绩出现较大幅度的下滑。2016 年 8 月 20 日公司向王女士出具一份辞职批复函，告知公司已同意王女士的辞职申请，双方劳动关系即日解除，请其尽快办理工作交接和离职手续。王女士收到批复函后非常震惊，认为几个月前自己提出辞职，是公司领导极力挽留并承诺加薪才同意继续工作的，而自己正安心工作的时候却被告知同意辞职，难以接受，越想越气，于是就委托律师提起劳动争议仲裁，要求恢复劳动关系并支付至劳动关系恢复期间的工资。日前，此案已审结，劳动争议仲裁委员会经过审理查明，认定公司系违法解除合同行为，支持王女士的仲裁请求事项。

【评析】

本案主要涉及劳动者辞职行为的形式要件、生效条件、意思表示、劳动合同解除行为的合法性以及相应法律后果等几方面内容。希望通过对本案的评析，有助于企事业单位准确理解员工辞职行为的效力，规范这类情形的劳动合同解除行为。

劳动者提出辞职的行为是"附期限"的民事法律行为，辞职行为并非一经提出就立即生效。《劳动合同法》第三十七条规定：劳动者提前三十日以书面形式通知用人单位，可以解除劳动合同。这表明，劳动者提出辞职必须同时满足两个形式要件：一是通知义务，必须以书面形式进行通知；二是时间要求，必须提前三十日。换言之，劳动者尽了书面通知的义务，必须经过三十日，该辞职行为才发生效力。很显然，劳动者提出辞职的意思表示行为，并不是一经提出就立即生效的"单方民事法律行为"，而是"附期限"的民事法律行为。根据《最高人民法院关于贯彻执行〈中华人民共和国民法通则〉若干问题的意见》第七十六条规定，附期限的民事法律行为，在所附期限到来时生效或者解除。劳动者辞职行为附有"三十日"期限要求，期限未到来时，辞职行为尚未生效。劳动者在辞职行为尚未生效期间，作出不辞职的相反意思表示，则产生了新的民事法律行为，即双方继续履行合同。

在本案中，王女士于 2016 年 5 月 10 日向公司提出了书面辞职，在"三十日"期限内，公司用承诺下半年加薪等方式极力挽留，王女士打消辞职念头，同意继续履行合同，因此该辞职行为并未生效。《最高人民法院关于贯彻执行〈中华人民共和国民法通则〉若干问题的意见》第六十六条规定："一方当事人向对方当事人提出民事权利的要求，对方未用语言或者文字明确表示意见，但其行为表明已接受的，可以认定为默示。"通过公司的极力挽留，王女士虽没有收回辞职报告，但是在此后的 2 个多月，王女士实际继续履行合同的行为表明已作出默示的不辞职意思表示。

用人单位以劳动者曾经提出辞职为由，解除劳动合同是违法解除，应承担相应的法律后果。本案中，公司于 2016 年 8 月 20 日向王女士出具一份辞职批复函，就其行为本身而言，犯了两个错误。首先，劳动者提出辞职只要同时满足通知义务和时间要求这两个形式要件，即可辞职，无须用人单位批准，公司批复多此一举；其次，王女士是 2016 年 5 月 10 日提出的辞职，双方在其提出辞职后实际履行合同已超过 3 个月，王女士实际继续履行合同的行为已表明其不辞职的意思表示，而公司也没有在一个月的期限到来时及时解除，表明双方已经同意劳动合同继续履行。很显然，公司此时再以劳动者曾经提出辞职为由解除合同，属于违法解除。《劳动合同法》第四十八条规定："用人单位违反本法规定解除或终止劳动合同，劳动者要求继续履行劳动合同的，用人单位应当继续履行。"据此，仲裁委员会作出了恢复公司与王女士的劳动关系的仲裁裁决。

案例 2 – 18

公司高管"被辞职"是否合法

【案情】

李某于 2005 年 8 月入职深圳某大型网络公司，从业务员做起，历经将近九年的商场磨炼和激烈的市场竞争，终于做到了分公司总监的职位，李某把自己的全部心血都倾注到公司的事业中。

李某与公司签订的最后一期劳动合同的期限为 2014 年 1 月 1 日至 2016 年 12 月 31 日，月平均工资 11000 元。然而，在 2014 年 5 月，公司区域负责人却逼迫李某写下保证书，内容是："本人保证分公司 2014 年 6 月完成 30 万元的销售任务，如果未完成，本人主动提出辞职。"

2014 年 7 月 20 日，公司向李某发出了《劳动关系解除确认及相关事项通知》，内容称："你于 2014 年 5 月 2 日向公司立下保证书，若未完成前述目标，你将辞职。截至 2014 年 6 月 30 日，你未完成承诺的目标，现公司同意你辞职，在此确定自 2014 年 7 月 28 日起你我之间签订的劳动合同解除。"李某不服，依法向劳动仲裁部门提起仲裁申请。

【争议】

公司认为，既然李某已经写下内容包含"本人保证分公司 2014 年 6 月完成 30 万元的销售任务，如果未完成，本人主动提出辞职"在内的保证书，公司便有权依据其保证与其解除劳动合同。

李某认为，公司向自己发出的《劳动关系解除确认及相关事项通知》中称："截至 2014 年 6 月 30 日……现公司同意你辞职，在此确定自 2014 年 7 月 28 日起你我之间签订的劳动合同解除。"然而自己并没有主动提出辞职，公司主张"同意其辞职"，不合情理，由此而与自己解除劳动关系自然亦无法律依据。

【评析】

本案经开庭审理，劳动仲裁庭最终支持了李某的主张，裁决公司向李某支付违法解除劳动合同的赔偿金 198000 元（即 11000 元/月 ×9 个月 ×2 倍）。

现对本案分析如下：

首先，李某是在公司负责人的逼迫下，按照公司的意思写下的保证书。按照常识和逻辑判断，如果没有公司的逼迫，作为一名从普通销售做起的员工，李某不可能主动、自愿地写下这份保证书。保证书是违背李某真实意愿的，并非是员工真实意思的表示，而且，保证书也限制了员工的自主辞职权，应属无效保证。

其次，这份保证书是李某单方出具的承诺性质的保证，是以不能达到公司所谓的"挑战目标"为假设条件的，即"保证完成业绩目标"→如果未完成→"就主动提出辞职"，但是，实际情况是，李某并未主动提出辞职。那么，在李某没有主动提出辞职的情况下，公司主张"同意其辞职"，就是无源之水、无本之木。尽管李某保证在条件符合时，将主动提出辞职，但是，"提出辞职"必须有一个积极主动的"作为"，而不能以保证书作为认定李某已经提出辞职的依据。

最后，《劳动合同法》第一条规定："本法的立法目的是为了保护劳动者的合法权益。"在履行劳动合同的问题上，依据《劳动合同法》第三十六条至第四十一条规定可知，劳动者有权自主选择是否继续履行劳动合同，而用人单位解除与劳动者的劳动合同，则必须符合法定的条件，否则将承担赔偿的法律责任，也就是说，用人单位的辞退权是受法律严格限制的。由此可知，用人单位无权限制、强制劳动者的辞职权。

而且，即使李某写下了保证书，也有权拒绝提出辞职，因为公司无权干涉李某自主选择辞职或继续履行劳动合同的权利。如果容忍用人单位如此肆无忌惮地干涉劳动者的辞职权，那么劳动者的劳动权将受到极大的损害。

在李某没有实际提出辞职的情形下，公司同意申请人辞职，显然是根本不存在的事实。而公司在通知中称："在此确认自 2014 年 7 月 28 日起你我之间签订的劳动合同解除。"此应认定为公司已单方解除了劳动合同，而公司解除劳动合同缺乏事实和法律依据，属违法解除劳动合同的行为，应支付李某赔偿金。

案例 2 – 19

离职协议签署须谨慎，
事后反悔不容易

【案情】

顾小姐于 2013 年 8 月进入上海某企业管理咨询有限公司工作，担任公司总经理助理一职，与公司订立的劳动合同期限至 2015 年 4 月 30 日止，合同约定月工资为 15000 元。劳动合同期满后，公司一直未与顾小姐续签合同。在顾小姐的多次催促下，公司于 2015 年 12 月 20 日补签了一份劳动合同，合同期限为一年，即自 2015 年 5 月 1 日至 2016 年 4 月 30 日止，顾小姐签署合同的落款时间为补签合同当日。

2016 年 4 月 20 日，公司告知顾小姐公司将不再与其续签合同，劳动合同期满终止，公司将按照劳动合同法规定支付其经济补偿金，并提供一份《离职协议书》给顾小姐，要求其当场签署，顾小姐在离职协议书上签字。《离职协议书》中明确公司向顾小姐支付经济补偿金 35064 元，但其中一条约定：双方在此认可并确认，雇员与公司或关联公司因二者之间的关系而产生和/或与有关的一切请求权（包括但不限于劳动工资报酬、减半费、津贴补贴、各类福利、经济补偿金、赔偿金以及社会保险、退工手续等）均已在本协议中获得完全且彻底解决，双方就此别无其他争议。

顾小姐离职后，认为其与公司签订的离职协议中，公司支付的经济补偿，并未包含公司未及时续订劳动合同应支付的双倍工资差额，显失公平，应予以撤销。2016 年 5 月 20 日，顾小姐提起劳动仲裁，要求公司支付 2015 年 5 月 1 日至 2015 年 12 月 19 日未签订书面劳动合同双倍工资差额 98965.52 元。

【争议】

顾小姐认为，公司支付的经济补偿显失公平，应予以撤销。并且半年未签订书面劳动合同期间，公司有支付自己双倍工资的义务。

公司认为，双倍工资的性质属于法律责任，并不是其提供劳动应获得的劳动报酬，顾小姐在离职协议上签字则意味着放弃追究对公司未及时签订劳动合同的法律责任，因而不存在显失公平的问题。

【评析】

本案主要涉及到用人单位未及时签订劳动合同的责任和义务、离职协议的履行与可撤销等焦点问题。通过对本案的评析，以期对用人单位及时订立书面劳动合同、劳动者谨慎签署离职协议有所帮助。

1. 用人单位负有支付双倍工资、补签书面劳动合同的双重责任和义务

《劳动合同法实施条例》第六条规定："用人单位自用工之日起超过一个月不满一年未与劳动者订立书面劳动合同的，应当依照劳动合同法第八十二条的规定向劳动者每月支付两倍的工资，并与劳动者补订书面劳动合同。"依此规定，用人单位超过一个月未与劳动者订立书面劳动合同的，需要履行支付双倍工资与补订书面劳动合同的双重责任和义务。

本案中，顾小姐与公司订立的劳动合同于 2010 年 4 月到期后，因公司原因未能及时续签合同，尽管公司于 2010 年 12 月 20 日与顾小姐补签了书面劳动合同，但是并不能免除公司支付顾小姐双倍工资的义务。

2. 劳动者落笔签字需谨慎，达成离职协议应履行

《最高人民法院关于审理劳动争议案件适用法律若干问题的解释（三）》第十条规定："劳动者与用人单位就解除或者终止劳动合同办理相关手续、支付工资报酬、加班费、经济补偿或者赔偿金等达成的协议，不违反法律、行政法规的强制性规定，且不存在欺诈、胁迫或者乘人之危情形的，应当认定有效。"前款协议存在重大误解或者显失公平情形，当事人请求撤销的，人民法院应予支持。根据该规定，用人单位和劳动者签署离职协议，只要不违反法律、行政法规的强制性规定，一般都会认定为有效，因此劳动者在落笔签字前需要仔细阅读协议内容，一旦签署必须依照协议履行。

本案中，公司和顾小姐签署离职协议，并无证据证明公司存有欺诈、胁迫或者乘人之危的情形，双方签署的离职协议具有法律效力。尽管从公司向顾小姐支付的经济补偿金数额来看，并未包含公司应当向其支付的双倍工资差额，似乎是"显失公平"的。但是，双倍工资的性质属于法律责任，并不是其提供劳动应获得的劳动报酬，顾小姐在离职协议上签字则意味着放弃追究对公司未及时签订劳动合同的法律责任，因而不存在显失公平的问题。基于顾小姐已签署离职协议，并与公司达成无其他争议的事实，其离职后提起仲裁要求撤销离职协议，没有法律依据，不能获得支持。

最终，经过仲裁，顾小姐的仲裁请求未获支持。

由此例可以看出：用人单位应当及时与劳动者签订书面劳动合同，否则即使补订合同后仍需要支付其间的双倍工资差额；劳动者在与用人单位签订离职协议时，应仔细阅读协议相关内容，对工资报酬、加班费、经济补偿或者赔偿金的支付、仲裁诉讼权利的放弃、有无其他争议等关键条款要特别注意，否则一旦签署，后悔晚矣。

案例 2-20

劳动者拒绝续订劳动合同，用人单位可否依法终止

【案情】

何先生从事软件服务多年，2013年11月底他顺利通过了一家香港软件公司在沪代表处（以下简称代表处）的面试，代表处通过上海一家对外服务机构为何先生办理了招用手续。2013年12月1日，人事中介公司与何先生签订了一年期的劳动合同，并派遣他到代表处工作，担任软件管理顾问工作。2014年12月双方续签劳动合同到2015年11月30日。

2015年10月，代表处因为业务开展不利，准备关闭，并到工商税务部门办理相关注册手续。同时代表处将情况通知了中介公司，并表示他们与中介公司聘用的雇员合同到期不再续签了。

2015年11月中旬，中介公司通知何先生续签新的劳动合同，并告知原服务的代表处即将关闭，所以公司将派遣何先生到另一家软件公司上班，提供的岗位仍然是软件管理顾问，工资待遇也保持不变。2015年11月28日，何先生将通知回执与中介公司提供的新空白劳动合同一并退还给了中介公司，并表示因服务单位不一致，拒绝签订新劳动合同。

2015年12月1日，何先生收到中介公司开具的终止劳动合同通知以及退工证明和劳动手册，而通知上却没提到任何关于补偿结算的事宜。于是何先生找中介公司理论，公司表示依法不需要支付经济补偿，不答应何先生的要求。

于是，何先生拿着终止通知，来到劳动争议仲裁委员会，要求中介公司支付赔偿金。

【争议】

何先生认为因为中介公司提供的新的劳动合同，改变了他原来的工作内容，属被申请人单方解除原劳动合同，应当支付他违法解除劳动合同的赔偿金。

而单位答辩称，双方的劳动合同到期前，公司已经提供何先生新的劳动合同，并且维持原来的待遇不变，因何先生不同意续订新的合同，所以公司与何先生的合同到期自然终止，按照法律规定不需要支付经济补偿，更不存在赔偿金。至于变更了派遣单位，是因为原来的代表处已办理注销，不可能继续履行，所以公司为何先生找了一个同类公司相同岗位作为替代，并不违反法律规定。

【评析】

本案争议焦点在于，劳动合同到期终止，劳动者拒绝续订劳动合同，用人单位是否还须支付终止合同的经济补偿。

《中华人民共和国劳动合同法》第四十四条规定："有下列情形之一的，劳动合同终止：（一）劳动合同期满的……"

同时，按照该法第四十六条规定，有下列情形之一的，用人单位应当向劳动者支付经济补偿，其中第五项为"除用人单位维持或者提高劳动合同约定条件续订劳动合同，劳动者不同意续订的情形外，依照本法第四十四条第一项规定终止固定期限劳动合同的"。即用人单位维持或者提高劳动合同约定条件续订劳动合同，劳动者不同意续订的，属于应当向劳动者支付经济补偿的排除情形，用人单位不再需要支付终止劳动合同经济补偿金。

另外，我们应注意的是，如何理解把握"用人单位维持或者提高劳动合同约定条件续订劳动合同"。我们不能简单地把"维持劳动合同约定的条件"看成保持劳动合同所有条款内容不变。劳动合同期满后的续订，本身就是对下一期间双方劳动关系调整的协商约定。用人单位对于工作岗位、工作地点、作息时间等内容进行适当合理的调整，同时保持原工资福利待遇等不降低的，应当视为维持劳动合同约定的条件。特别针对劳务派遣中介机构，向其他用工单位输出劳动力是其主要业务，中介公司有权合理调整劳动者被派遣单位，这样既有利于保持劳动者与中介公司劳动关系的稳定持续，也有利于劳动者就业与服务单位用工的灵活性。

　　而本案中，因为何先生原来服务的代表处注销关闭，中介公司与何先生续签劳动合同，已无法继续派遣到原服务单位。中介公司提供新合同，将何先生派遣到其他同类公司工作，并且保持相同岗位，维持原来待遇，属于用人单位维持劳动合同约定条件续订劳动合同的情形，何先生拒绝续订劳动合同，属于劳动合同法关于支付经济补偿金的排除情形。依照法律规定，单位不需要支付经济补偿金，而中介公司与何先生的劳动合同到期终止，更不存在单位违法解除劳动合同的情况。故而仲裁委员会没有支持何先生的仲裁请求。

案例 2 – 21

未做离岗前身体健康检查，他与公司的合同可否终止

【案情】

周某于 2011 年 4 月 24 日进入一家陶瓷有限公司工作，2011 年 4 月起担任车间操作工，劳动合同两年一签，续签至 2015 年 4 月 23 日。双方劳动合同于 2015 年 4 月 23 日到期后，公司不再与周某续签劳动合同。周某认为长期在有粉尘的车间里工作，现在离开应查查身体是否有恙，于是就申请了职业病检查。2015 年 7 月经检查被确诊为职业病患者，2015 年 9 月被认定为工伤，2015 年 10 月底被鉴定伤残级别为 9 级。同年 11 月周某申请仲裁，要求恢复劳动关系。仲裁依法受理。

【争议】

周某认为：依据《中华人民共和国职业病防治法》第三十二条规定，"对从事接触职业病危害作业的劳动者，用人单位应当按照国务院卫生行政部门的规定组织上岗前、在岗期间和离岗时的职业健康检查，并将检查结果如实告知劳动者……对未进行离岗前职业健康检查的劳动者不得解除或者终止与其订立的劳动合同"，公司终止与本人劳动关系时未做职业健康检查，应等到本人 2015 年 10 月申请鉴定做出伤残级别，故双方劳动关系不应解除。

公司辩称：双方劳动合同至 2015 年 4 月终止。按照国家有关规定即使是丧劳和部分丧劳的人员劳动合同出现终止的情形均可终止，只要按规定支付经济补偿金。周某的情况也不例外。如果被确诊为职业病，公司可以按照规定支付给其补助金。但恢复劳动关系一说不能成立。所以不同意周某的请求。

【评析】

本案的焦点是从事接触有职业病危害作业的员工在离岗前企业是否应给予他们健康检查。《劳动合同法》第四十二条规定："（一）在本单位患职业病危害作业的劳动者未进行离岗前职业健康检查，或者疑似职业病病人在诊断或者医学观察期间的；（二）在本单位患职业病或者因公负伤并被确认丧失或者部分丧失劳动能力的。"以上条款指的是在合同履行期间，用人单位不得解除的情形。但在第四十五条规定中明确，本法第四十二条第二项规定丧失或者部分丧失劳动能力劳动者的劳动合同终止时，按照国家有关工伤保险的规定执行。本案中，周某在合同终止前用人单位未按照国家规定给予离岗前的健康检查，这是用人单位应尽未尽的义务。离岗后，周某自己去作了健康检查。那么用人单位应当按照国家规定依据健康检查的结果支付给周某相应的工伤保险待遇。因为虽然合同终止了，但用人单位未尽义务，所以后面发生的情形用人单位应当承担责任。但对恢复劳动关系一说没有法律规定。

最终，仲裁委在庭审查明的基础上认为：双方的劳动合同于 2015 年 4 月自然终止。在离岗前，单位未为周某做职业健康检查。周某自己作了健康检查并做了工伤鉴定，鉴定结果为伤残 9 级。双方在终止劳动合同时的情形是在常规状态下，企业不再续签，所以需要支付经济补偿，但没有任何法律依据要恢复劳动关系，恢复劳动关系是只有在违法解除劳动合同的情况下才赋予劳动者的一项权利。当然企业还应当为周某做离职前的健康检查。现在周某被鉴定有伤残级别，故企业应当承担工伤责任，支付相应的工伤待遇。最终，仲裁委裁决企业应当支付周某相关费用，但对周某要求恢复劳动关系的请求不予支持。

案例 2-22

她的合同是法定顺延还是约定续延

【案情】

刘小姐于 2012 年 8 月 1 日与上海某劳务公司签订了劳动合同。该合同约定，劳务公司派遣刘小姐到某国外跨国公司上海代表处工作，并与代表处签订了《聘用中国雇员合同》，劳动合同期限为 2012 年 8 月 1 日至 2014 年 7 月 31 日，《聘用中国雇员合同》解除或终止，劳动合同也随之解除或终止；劳动合同期满（或双方有特殊约定），即行终止，经双方协商一致，可以续订劳动合同，如合同到期后，三方均无异议，且刘小姐继续在服务单位正常工作，则视为劳动合同续延一年。

之后，刘小姐一直在代表处工作。2014 年 5 月 20 日起刘小姐生育休息。2014 年 11 月 1 日，刘小姐休完产假后继续到代表处工作。2015 年 4 月 20 日，代表处向劳务公司发出书面通知，要求在刘小姐哺乳期结束后与其终止劳动关系，刘小姐被安排自 2015 年 4 月 20 日起享受假期直至 2015 年 5 月 19 日，该期间的工资福利待遇不变。

刘小姐认为自己自 2014 年 8 月 1 日开始续延的劳动合同应该到 2015 年 7 月 31 日才结束，而劳务公司却在没有任何合法理由的情况下于 2015 年 5 月 19 日就解除了与自己的劳动关系，属于违法解除，因此向当地的劳动争议仲裁委员会提起了劳动仲裁。仲裁委员会经过审理后认为刘小姐自 2014 年 5 月 20 日开始休产假，其劳动关系经法定顺延后应于 2015 年 5 月 19 日自然终止，也就是说刘小姐的哺乳期结束时劳动关系自然终止，因此派遣公司与代表处不需要向刘小姐支付任何经济补偿。刘小姐不服裁决，又向法院提起诉讼，后单位不服又提起上诉。

【争议】

劳务公司及代表处认为，刘小姐自 2012 年 8 月 1 日开始存续的劳动合同本应于 2014 年 7 月 31 日终止，由于此时刘小姐还在休产假，因此根据《劳动法》的规定，刘小姐的劳动合同应该顺延至其哺乳期结束也就是 2015 年 5 月 19 日，刘小姐休完产假后继续到代表处上班，代表处认为刘小姐对自己是因为哺乳期而顺延劳动合同是知晓的，因为其领取了产假工资且在休完产假后在没有任何通知的情况下照常来单位上班。因此，劳务公司及代表处认为自己在 2015 年 4 月 20 日通知刘小姐哺乳期结束后不再续签劳动合同是符合法律规定的。

而刘小姐却认为，2012 年 8 月 1 日生效的劳动合同应在 2014 年 7 月 31 日终止，根据当时签订的《聘用中国雇员合同》的约定，如合同到期后，三方均无异议，且自己继续在服务单位正常工作，则视为劳动合同续延一年。但是合同到期前也即在 2014 年 7 月 31 日前，劳务公司和代表处均没有给予自己任何书面的通知说合同不再续延，而此时自己虽然没有在代表处上班，但是正在休产假，因此可以认为自己的劳动在 2014 年 7 月 31 日到期后再续延一年，也即需要到 2015 年 7 月 31 日才终止。因此，劳务公司在没有任何合法理由的情况下在 2015 年 5 月 19 日解除自己的劳动合同属于违法解除。

【评析】

本案的争议焦点是刘小姐自 2014 年 8 月 1 日至 2015 年 5 月 19 日的劳动关系是法定顺延还是约定续延的问题。

一种观点认为：法定顺延的效力高于约定续延，在两者同时存在的前提下优先适用法定顺延，因此单位按照法定顺延的时间到期终止劳动合同是符合法律规定的。

另一种观点认为：劳动合同订立时双方的意思自治也应当得到尊重，只要不存在有违诚信、显失公平的情形，且不违反法律法规强制性规定的，应当认定有效。

从目前的判例看，仲裁法院还是倾向于第二种观点，有约定从约定。具体到本案，就是看劳务公司和代表处在 2012 年 8 月 1 日生效的劳动合同到期前是否履行了通知到期不再续延的义务。根据本案中劳务公司和代表处提供的证据来看，在 2014 年 7 月 31 日前，他们均没有任何的书面证据证明已经通知过刘小姐合同到期后不再续延，尽管在庭审中他们主张曾经口头通知过刘小姐，但是刘小姐对该口头通知不予认可，因此，对于合同是否属于法定顺延产生的不利解释的后果应该归责于劳务公司和代表处。也正因为如此，日前，该案经过一审与二审法院审理后作出了支持刘小姐的要求支付双倍经济补偿金的终审判决，劳务公司应对违法解除刘小姐的劳动关系承担支付赔偿金的责任，代表处应承担连带责任。

本案中的劳务公司和代表处原本没有具备违法解除刘小姐的劳动关系的故意，但是却因为自己的"过失"而最终需要承担因违法解除而产生的支付双倍经济补偿金的巨额用工成本。对其他用人单位来说也应该颇有警示作用。签订和续延劳动合同非同儿戏，若存在类似本案的约定续延情形的，在决定不再续签劳动合同后，一定要在劳动合同到期之前，书面通知劳动者，尤其是当劳动者存在一些诸如女职工在三期内、劳动者因患病或负伤在规定的医疗期内等存在法定顺延情形的，更要慎重处理，以免在事后产生法定顺延还是约定续延的纠纷，从而在无意中甚至在自以为是依法行事中做出违法之举。

第 三 章

劳动报酬和休息休假

案例 3-1

提成工资纠纷究竟应该由谁来举证

【案情】

迟某于 2014 年 1 月到一家设计公司工作担任设计员，公司并没有与迟某签订劳动合同，双方仅口头约定迟某每月工资为 5000 元，提成按所绘图纸数量计，每张 200 元。入职后的第一个月公司向迟某发放了工资 7000 元，但从第二个月起公司只向迟某发放了 5000 元工资。迟某曾多次向公司索要提成，但公司以资金紧张、年底统一发放为由予以推托。2015 年 1 月，迟某认为公司拖欠的提成已达 25000 元，遂要求公司补发提成并签订书面劳动合同，但公司以负责人不在为由拒绝支付提成和签署书面劳动合同。随后，迟某以个人原因向公司提出辞职并顺利办理了交接手续，公司支付了迟某 2014 年 12 月的工资。迟某于 2015 年 1 月 5 日向公司所在区的劳动争议调解中心申请调解，要求公司支付因未签署劳动合同应支付的 2014 年 2 ~ 12 月的双倍工资差额 55000 元和提成 25000 元，以及 25% 的经济补偿金 6250 元。

【争议】

迟某诉称，本人于 2014 年 1 月 1 日进入公司，担任设计工作，进入公司后一直要求公司与自己签署书面劳动合同，但公司以各种理由推托，拒绝签署书面劳动合同。在入职时公司与本人约定是每月工资 5000 元，提成按所绘图纸数量计，每张 200 元。入职之后第一个月公司按约定发放了工资与提成。但从第二个月起公司只发放工资不再发放提成。自己数次找公司索要，公司以资金紧张为由予以推托，自己认为公司拒绝支付提成的行为符合劳动合同法规定的"未及时足额支付劳动者劳动报酬的行为"，其性质属于无故拖欠工资，公司应按照法律规定支付提成，鉴于提成属于计件工资的主要方式之一，公司无故拖欠提成，除应在规定的时间内全额支付提成外，还需支付相当于提成 25% 的经济补偿金。同时单位未签署劳动合同的行为违反了劳动合同法的相关规定，侵犯了自己的合法权益。迟某向调解中心提交的证据包括

《医疗蓝本》及迟某手绘的图纸复印件。

公司辩称，迟某所述与事实不符，公司是 2014 年 1 月与迟某建立劳动关系的，公司依法为迟某缴纳了社会保险，公司没有实行提成制度，更没有与迟某约定其工资包含提成，迟某领取的是固定工资，至于迟某第一个月领取的工资比约定的工资多是因为公司认为迟某第一个月工作比较努力，为了奖励迟某所以发放了一定奖金，此奖金与提成无关。迟某离职时公司已按照规定向迟某结清了工资等相关费用，所以公司无义务再向他支付任何费用。公司也不认可迟某提供的图纸，因为这些图纸不是公司的图纸。同时公司从未拒绝与迟某签署书面劳动合同，公司的《人事管理制度》规定，员工签署书面劳动合同时应提供本人的身份证、毕业证书（复印件）及上个单位的离职证明，但迟某拒绝提供相应的材料，从而导致签署书面劳动合同事宜一拖再拖，书面劳动合同未签署完全是迟某本人造成的，与公司无关，所以公司不应支付所谓双倍工资。为据理力争，公司提交的证据包括《人事管理制度》和迟某离职工资结算凭证。

【评析】

本案是一起因主张提成工资所引起的争议，本案的争议焦点是提成工资争议应由谁进行举证？是劳动者还是用人单位？

以本案为例，我们应明确以下几点：

1. 什么是提成

根据国家统计局《关于工资总额组成的规定》第四条规定，工资总额由下列六个部分组成：①计时工资；②计件工资；③奖金；④津贴和补贴；⑤加班加点工资；⑥特殊情况下支付的工资。第六条规定，计件工资是指对已做工作按计件单价支付的劳动报酬，包括：①实行超额累进计件、直接无限计件、限额计件、超定额计件等工资制，按劳动部门或主管部门批准的定额和计件单价支付给个人的工资；②按工作任务包干方法支付给个人的工资；

③按营业额提成或利润提成办法支付给个人的工资。

由此可见，提成是计件工资制的主要方式之一，这种计件工资形式主要适用于劳动成果难以用事先制定劳动定额的方式计算、不易确定计件单价的工作。

2. 提成纠纷的举证责任分配

对于提成的主张存在一个举证责任问题。谁主张谁举证，是民事诉讼的基本规则，谁提出请求，谁就要证明该请求的合理性，否则就得不到法律的支持。《劳动争议调解仲裁法》第六条明确规定："发生劳动争议，当事人对自己提出的主张有责任提供证据。与争议事项有关的证据属于用人单位掌握管理的，用人单位应当提供；用人单位不提供的，应当承担不利后果。"所以追索提成报酬的案件也不例外，其是否存在提成的事实，应由主张这一事实存在的劳动者进行举证，具体而言劳动者的举证责任包括提供提成的约定的证据以及自身工作业绩的证据。如果劳动者能够证明双方存在提成的约定和自身工作业绩，则剩下的证据应由用人单位来承担。如果用人单位否认存在提成约定且劳动者无法举证双方存在提成约定，则劳动者将承担较大的法律风险。

本案中迟某固然举出了在职期间所绘的所有的图纸，但是这些图纸与提成之间却缺乏联系，不能由这些图纸得出公司负有支付提成的义务的结论，同时迟某提供的图纸均为复印件，且这些复印件受到了用人单位的否认，所以这些证据并不充分，这就是迟某提成请求未获支付的症结所在。当然争议双方对迟某的入职时间、工作职务、离职时间、基本工资数额均没有异议，用人单位没有依法与迟某签订劳动合同，依法应承担相应的法律责任。

在调解中心的主持调解下，公司一次性支付迟某 2014 年 2～12 月的双倍工资差额 55000 元。

有鉴于此，我们认为劳动者在计件工资方面应该注意以下几点：

（1）劳动者与用人单位建立劳动关系后，一定要及时与用人单位签订书面劳动合同，并且在约定提成时，要在劳动合同中明确体现出来。比如提成的标准是什么，提成是税前的还是税后的，是纯业务提成还是纯利润提成等。

（2）劳动者在工作期间应主动保留证明己方工作业绩的证据。

（3）如果用人单位拖欠了提成，劳动者应要求用人单位出具欠条一份，以便于在争议形成之前，拿到有利的证据。

案例 3 - 2

处理加班费案件应当考虑的一些问题

【案情】

2013 年 10 月 19 日，肖某到北京市某物业公司工作，担任消防执机员。某物业公司作为甲方和作为乙方的肖某签订了《劳动聘用合同书》，约定：合同期限为 1 年，生效日期自 2013 年 10 月 19 日起，至 2014 年 10 月 18 日终止。甲方根据自身工作的需要并充分考虑乙方实际工作情况，决定聘用乙方担任内保领班岗位工作。执行不定时工作制，甲方安排乙方每日工作时间不超过 8 小时，平均每周不超过 40 小时。甲方由于工作需要，经与乙方协商后可以延长工作时间，一般每日不得超过 1 小时，因特殊原因需要延长工作时间的，在保障乙方身体健康的条件下延长工作时间每日不得超过 3 小时，每月不得超过 36 小时。甲方安排乙方加班的，应依法安排乙方同等时间补休或支付加班工资。乙方为甲方工作，甲方每月以货币形式支付乙方工资，工资不低于北京市最低工资标准。甲方克扣或者无故拖欠乙方工资的，以及拒不支付乙方延长工作时间工作报酬的，除在规定的时间内全额支付乙方工资报酬外，还需加发相当于工资报酬 25% 的经济补偿金。合同中另约定了劳动纪律、保险福利待遇等内容。

2014 年 7 月 25 日，肖某离开了某物业公司。公司向肖某发放 2014 年 7 月的工资 843.22 元。2014 年 7 月 30 日，某物业公司向肖某出具了违纪辞退通知书，载明："依据公司《员工奖惩管理操作规程》的规定，鉴于你在本年度的两次过失（2014 年 4 月 13 日轻微过失、2014 年 7 月 16 日严重过失），且 2014 年 7 月 25 日至今在未办理任何请假手续的情况下擅自离岗，综上所述，你的行为已构成严重过失。为此，决定对你作出违纪辞退处理，你与公司的劳动关系在你擅自离职之日起解除。"2015 年 12 月 12 日，肖某到北京市某区劳动争议仲裁委员会提起申诉。北京市某区劳动争议仲裁委员会以超过申诉时效为由作出不予受理通知书。肖某不服，诉至法院。

【争议】

肖某诉称：2013 年 10 月 19 日，某物业公司招聘肖某担任消防执机员工作。2014 年 10 月，某物业公司才与其签订劳动合同，约定执行不定时工作制，工作岗位是内保领班。2014 年 7 月前 12 个月平均工资是 1901 元。一年来，肖某始终按照某物业公司要求的工作时间上班，即白班是 9 点至 20 点，晚班是 20 点至次日 9 点。某物业公司执行的工作时间严重超过了劳动法规定的工作时间标准。因此，肖某起诉到法院要求某物业公司支付其 2013 年 10 月 19 日至 2014 年 7 月 24 日的加班费 80907.9 元及其 25% 的额外经济补偿金 20226.99 元。同时须支付 2014 年 7 月克扣的工资 750 元。

某物业公司辩称：①肖某诉公司的是劳动争议纠纷，不是民事纠纷。肖某应当先向劳动争议仲裁委员会申诉，然后再由法院予以审理。肖某直接向法院起诉的做法违反了法定程序，应当予以驳回。②肖某提起的劳动争议已经超过申诉时效。公司于 2014 年 7 月 30 日根据肖某的严重违纪行为，解除了与其的劳动关系。还有，公司对肖某的诉求标的未承诺支付之日。所以，本案劳动争议发生之日应为双方解除劳动关系时的 2014 年 7 月 30 日。肖某于 2015 年 12 月提起诉讼，索要 2013 年 10 月 19 日至 2014 年 7 月 24 日的加班工资和所谓被克扣的工资，已经超过了劳动争议仲裁申诉时效。③公司不存在拖欠肖某加班工资和克扣其工资的情况。根据保安工作岗位的特点，公司对保安人员均实行 4 班倒工作时间制度。即每个人第 1 天的工作时间为 9 点至 20 点，第 2 天的工作时间为 20 点至第 3 天的 9 点，下班后休息 2 天。按照 4 人 24 小时不间断工作，平均每人每天工作时间仅为 6 小时，扣除每日就餐半小时的时间，每天工作时间仅为 5.5 小时，每周工作时间为 38.5 小时。上述工作时间不违反《劳动法》第三十六条、第三十八条的规定。凡是因为特殊情况、法定节日需要安排保安人员延长工作时间的，按照公司规定均应履行加班审批程序，公司对此均有记载，并按照国家规定支付了加班工资。因此，公司不存在拖欠肖某加班工资的情况。即使本案没有超过仲裁时效，肖某的第一项请求亦应予以驳回。

关于肖某的第二项请求，公司经过认真核实，发现对肖某 2014 年 7 月的出勤情况计算有误。肖某的工作截止时间为 7 月 24 日，工资应发 1365.52 元（月工资 1800 元 ÷ 21.75 天 × 16.5 天 = 1365.52 元）。当月工资已经支付 843.22 元，目前待支付 522.30 元。公司无意克扣肖某的工资，虽然本案的申诉时效已过，但是对于少发的工资，公司愿意如数支付。

【评析】

诉讼中，某物业公司主张对保安人员实行 4 班倒工作时间制度。即每个人第 1 天的工作时间为 9 点至 20 点，第 2 天的工作时间为 20 点至第 3 天的 9 点，下班后休息 2 天。按照 4 人 24 小时不间断工作，平均每人每天工作时间仅为 6 小时，扣除每日就餐半小时的时间，每天工作时间仅为 5.5 小时，每周工作时间为 38.5 小时。安排肖某加班都填写了加班申请单并报公司领导批准，且向肖某支付了加班期间的工资或安排肖某调休。某物业公司提供了考勤记录、加班申请单、加班批准单、工资表。肖某对上述材料的真实性予以认可，但表示考勤记录不全面，没有真实记录其实际加班时间。肖某同时表示某物业公司未经批准，不得实行不定时工作制或综合计算工时制，应就其在工作日超出 8 小时以外的工作时间支付加班费。

一审法院经审理认为：2013～2014 年，肖某到某物业公司工作，双方即形成了劳动关系，双方应按约履行各自的义务。肖某的岗位是消防执机员，在某物业公司与其解除劳动合同前，公司安排他和其他保安员值班执行的是 4 班倒工作制，扣除值班过程中的用餐时间以外其平均每天的工作时间并未超过 8 小时的约定。鉴于肖某要求某物业公司支付其 1 年的延时加班费缺乏事实依据，故本院对于肖某的该项请求不予支持。另外，肖某在某物业公司工作到 2014 年 7 月 24 日，某物业公司应当足额向肖某发放当月工资，因肖某每月的收入数额不固定，本院以肖某解除劳动合同前 12 个月的平均工资为基数，根据 2014 年 7 月肖某实际出勤天数来核算其该月的工资。鉴于某物业公司已向肖某支付了 2011 年 7 月工资 843.22 元，故该部分数额应当予以扣减。综上，依照《北京市工资支付规定》第九条的规定，判决：①北京某国际物业服务有限公司于判决生效后七日内支付肖某 2014 年 7 月的差额工资 560.05 元。②驳回肖某的其他诉讼请求。

肖某不服一审判决，提起上诉称：肖某在某物业公司上班期间，白班为 9 点至 20 点，晚班为 20 点至 9 点，严重超过《劳动法》每日不得超过 8 小时的规定，且某物业公司经常利用下班时间开会，严重占用员工的休息时间并且不算加班。某物业公司未经劳动行政部门批准，擅自实行不定时工作制或综合计算工时制，属违法行为。原审法院不支持加班费请求，没有事实和法律依据。肖某在某物业公司工作期间，某物业公司未给其缴纳社会保险。请求二审法院撤销一审判决，判令被上诉人支付 2013 年 10 月 19 日至 2014 年 7 月 24 日的加班费 8090.96 元及 25% 的额外经济补偿金，2014 年 7 月克扣工资 750 元，并为其补缴工作期间的社会保险。

某物业公司同意一审判决，答辩意见同一审中的答辩意见。

二审法院经审理后认为：2013~2014 年，肖某在某物业公司工作，双方形成劳动关系。肖某的岗位先是消防执机员，后为内保领班，某物业公司主张安排肖某和其他保安员实行 4 班倒工作制，扣除值班过程中的用餐时间其平均每天的工作时间未超过 8 小时，每周工作时间未超过 40 小时，且在安排肖某加班后支付了加班工资或安排调休，并据此提供了考勤记录等证据。肖某对上述证据予以认可，但主张不全面。依据现有证据和已查明的事实，肖某主张 2013 年 10 月 19 日至 2014 年 7 月 24 日存在加班未付加班费的情况，不能成立。故对肖某要求某物业公司支付 2013 年 10 月 19 日至 2014 年 7 月 24 日的加班费及 25% 的额外经济补偿金的上诉请求，本院不予支持。原审法院以肖某解除劳动合同前 12 个月的平均工资为基数，根据肖某在 2014 年 7

月的实际出勤天数核算出其该月工资，在扣减肖某已领取的工资843.22元后，判令某物业公司向肖某支付差额工资560.05元，并无不当。肖某要求某物业公司支付2014年7月工资差额750元，依据不足，本院不予支持。对于肖某要求某物业公司为其补缴工作期间社会保险的上诉请求，因不属于法院受理范围，且肖某未在原审诉讼中提出，故在本案中不予处理，肖某可就此另行向劳动监察部门投诉。

综上，依据《中华人民共和国民事诉讼法》第一百五十三条第一款第一项之规定，判决驳回上诉，维持原判。

在众多的劳动争议案件类型之中，比较常见的就是劳动者向用人单位索要加班费的案件。在审理此类案件中应注意以下几点问题：

1. 劳动者追索加班工资如何进行实体保护

根据《北京市工资支付规定》，用人单位的工资支付记录表应至少保存2年备查。因此，在因劳动者追索工资、劳动报酬或加班工资引发的纠纷中，用人单位应当对2年内向劳动者支付工资的情况进行举证，以证明其已足额支付。如其拒绝举证或举证不充分，则应采信劳动者所述存在加班事实的主张。劳动者主张超过2年之外存在拖欠事实的，应由劳动者承担举证责任。如果举证不能，则应由其承担不利的后果。但如果双方均对超出2年之外未全额支付劳动报酬的事实表示认可的，一般应支持劳动者的请求。以上所指的2年是指以劳动者提出申诉之日为起算点倒推2年。

2. 在用人单位未报批不定时工作制的情况下，如何确定特殊岗位人员的加班工资

对于特殊岗位（如销售员、门卫、物业维护人员等）人员的加班工资计算，应掌握以下原则：用人单位与劳动者虽未书面约定所支付的工资中包括加班工资，但通过劳动者每月领取的工资额的变化，可以印证用人单位所述已支付的工资中含有加班工资的，可以采信用人单位的主张。但抵扣后劳动者正常工作时间所获得的工资不得低于最低工资。对于劳动者超出标准工时外的工作时间，要考虑到人体的正常生理需要及工作强度的变化，区分加班与值班。不宜笼统地将超过标准工时以外的时间均视为加班工作时间。在计算加班费时首先参照双方的约定，没有约定的情况下以劳动者在标准工时内正常出勤可以获得的月工资额为加班工资计算基数（不得低于最低工资）。

3. 劳动者以用人单位克扣或无故拖欠劳动者的工资或加班工资要求支付补偿金的，如何把握尺度

如果用人单位存在主观恶意，有"克扣""无故拖欠"或"拒不支付"工资情形的，应当判令用人单位支付劳动者工资及相应的经济补偿金。但如果仅因用人单位出现暂时性生产经营困难导致迟付工资，或因双方对于加班工资计算基数和计算标准存在认识偏差，不宜认定为用人单位故意克扣或者无故拖欠、拒不支付工资。另外，按照《劳动合同法》的规定，单位有拖欠工资行为的，应当首先由劳动行政部门责令支付，逾期不支付的，才应当支付应付金额的 50% ~ 100% 的赔偿，不宜直接判令用人单位支付欠发工资25% 的经济补偿金。

案例 3 – 3

法定节假日的加班费

【案情】

小李是广东地区某服装生产企业的工资核算员，劳动合同中明确约定月工资为 1900 元，其每月的实际收入为 2200 元，包含有交通费 80 元/月、通信补贴 40 元/月、伙食补贴 180 元/月，但这三种补贴以充值卡和现金的形式发放，未在工资总额中体现。当地最低保障收入为 1010 元/月。

2014 年春节前一月，由于工作忙，小李被要求在一个周末加班两天，在春节前第二周，由于事情做不完，她自己决定每天加班 2 小时。而且，在春节期间，还安排了值班 3 天，分别是初一、初四和初五。当月累计加班时间 50 小时。春节后一上班，小李就向人力资源部递交了辞职申请，并在第二天就获得同意辞职的批复。在结算工资的时候，小李获得的加班工资为 180 元，过节费 150 元。并在春节上班后的第一周安排小李补休 1 天。小李认为加班费的计算不合理。于是向人力资源部门咨询，人力资源部门人员回答说计薪日应当按照当月出勤天数 25 天计算。

【争议】

小李认为：①公司应该按照其月实际收入的 2200 元来计算加班工资基数。②春节前一周，她每天加班 2 小时，累计有 10 小时，应该也计算加班费。③补休只能补休休息日加班，而不应补休初一的三倍加班工资，因此，其加班工资 = 2200 ÷ 25 ÷ 8 × (32 × 2 + 10 × 1.5 + 8 × 3) = 1133（元），要求企业补给她 953 元加班工资。

企业不同意小李的要求，认为：①加班工资基数在不低于当地最低生活保障的情况下可以自行决定。②春节前每天加班 2 小时是小李的自愿行为。③企业给小李发了过节费，也给了补休，因此可以不按 3 倍计发初一的加班工资，所以，不会给小李补发加班工资。

双方不能达成一致，小李向当地劳动仲裁部门申请仲裁。仲裁结果认定：

小李的加班工资 = 1900 ÷ 21.75 ÷ 8 × (24 × 2 + 8 × 3) = 786.2 (元),因此,裁定企业补发小李加班工资 606.2 元。

【评析】

本案中小李、服装公司和劳动仲裁机构之间争议的地方主要集中在以下四个方面:①加班事实的认定,即什么样的情况下加班是法律意义上的加班。②加班工资基数如何认定。③加班倍数如何确定。④补休及加班费能否相互替代。下面逐个进行分析。

1. "加班"事实的认定

计算加班工资的一个前提就是"加班的事实"是法律意义上的加班,案例中各方争议焦点之一就是小李平时自愿每天加班 2 小时的情况算不算加班。结果是服装公司不认可这是加班,仲裁机构也支持服装公司的观点,小李的要求没被采纳,因为法律意义上的加班是公司安排的加班,员工自愿加班不属于法律意义上加班,不会得到法律的支持和保护。在实践中,员工和企业在对"加班事实"的认定方面应把握以下几点:

(1)自愿工作的不属于加班。用人单位支付加班工资的前提是"用人单位根据实际需要安排员工在法定标准工作时间以外工作",即由用人单位安排加班的,用人单位才应支付加班工资。如果员工的工作既不是用人单位的要求、决定,也没有用人单位认可的加班记录,而只是自愿加班的情况,则不属于加班,用人单位无须支付加班费。但是,如果用人单位对员工的加班予以追认的话,就是单位安排的加班,就应该支付相应的加班工资。

(2)有证据证明为单位安排可确认为"事实加班"。比如,某公司的部门主管总是在放长假前,安排下属小李在长假结束后交一份企划书。这实际上间接要求小李不得不在长假期间,留出时间完成工作,变相地延长了员工的工作时间,属于加班。但注意前提是员工必须有证据证明,确属因用人单位安排了过多的工作任务,而使员工不得不在正常的工作时间以外加班。

（3）不定时工作制人员无加班收入。我国《劳动法》规定，实行每天不超过 8 小时，每周不超过 44 小时或 40 小时标准工作时间制度的企业，以及经批准实行综合计算工时工作制的企业，应当按照《劳动法》的规定支付员工延长工作时间的工资报酬，但依照《民法通则》第五条、最高人民法院《关于贯彻执行〈中华人民共和国劳动法〉若干问题的意见》第六十条、《关于企业实行不定时工作制和综合计算工时工作制的审批办法》的规定，实行不定时工作的人员除外。实行不定时工作制的岗位通常包括"企业中的高级管理人员、外勤人员、推销人员、部分值班人员和其他因工作无法按标准工作时间衡量的员工；企业中的长途运输人员、出租汽车司机和铁路、港口、仓库的部分装卸人员以及因工作性质特殊，需机动作业的员工；其他因生产特点、工作特殊需要或职责范围的关系，适合实行不定时工作制的员工"。但是，这里需要注意的是，如果用人单位在法定节假日安排员工工作的，仍然应当按照不低于本人工资标准的 300% 支付加班费。

（4）综合计算工时制人员在标准工作时间内无加班收入。按照劳动部《关于企业实行不定时工作制和综合计算工时工作制的审批办法》和《关于员工工作时间有关问题的复函》规定，经批准实行综合计算工时工作制的企业，在综合计算周期内的总实际工作时间不应超过总法定标准工作时间，超过部分应视为延长工作时间并按《劳动法》第四十四条第一款的规定支付工资报酬（按不低于工资标准的 150% 支付加班工资），其中法定节假日安排员工工作的，按《劳动法》第四十四条第三款的规定支付工资报酬（按不低于工资标准的 300% 支付加班工资）。而且，延长工作时间的小时数平均每月不得超过 36 小时。

（5）计件工资制在定额外安排工作的认定为"加班"。实行计件工资的员工，在完成计件定额任务后，由用人单位安排延长工作时间的，应根据《劳动法》第四十四条规定的原则，分别按照不低于其本人法定工作时间计件单价的 150%、200%、300% 支付其工资。

综上所述，案例中小李在春节前一周每天 2 小时的自愿加班，由于不能提供是单位安排加班的证据，不能被确认为法律意义上的加班，企业可以不支付加班费。

2. 加班工资基数的确定

在认定了加班时间的基础上，要准确计算加班费，首先必须正确确定加班费的计算基数，即员工的小时工资率。员工的小时工资率＝月工资收入÷月计薪天数÷8 小时，因此，确定员工的小时工资率的前提就是清楚界定"月工资收入"和"月计薪天数"两个概念。案例中各方争议的一个重点就是应以 2200 元、1900 元还是 1010 元作为"月工资收入"，以及应以 25 天还是 21.75 天作为"月计薪天数"。

（1）月计薪天数。根据《全国年节及纪念日放假办法》（国务院令第513 号）和《关于员工全年月平均工作时间和工资折算问题的通知》（劳社部发〔2008〕3 号）的相关规定，按照《劳动法》第五十一条的规定，法定节假日用人单位应当依法支付工资，即折算日工资、小时工资时不剔除国家规定的 11 天法定节假日。据此，日工资、小时工资的折算为：日工资＝月工资收入÷月计薪天数；小时工资＝月工资收入÷月计薪天数÷8 小时。月计薪天数＝（365 天－104 天）÷12 月＝21.75 天。由此可见，法律明确规定月计薪天数一律为 21.75 天。

（2）月工资收入。国家相关法律对月工资收入没有明确规定，因此，其是加班工资争议颇多的一个环节，实践中"月工资收入"的确定应把握以下几点。

1）如果劳动合同有明确约定工资数额的，按不低于劳动合同约定的工资标准确定"月工资收入"。集体合同（或工资集体协议）确定的标准高于劳动合同约定标准的，按集体合同（或工资集体协议）标准确定"月工资收入"。劳动合同、集体合同均未约定的，可由用人单位与员工代表通过集体协商确定"月工资收入"，协商结果应签订工资集体协议。应当注意的是，如果劳动合同的工资项目分为"基本工资""岗位工资""职务工资"等，应当以各项工资的总和作为基数计发加班费，不能以"基本工资""岗位工资"或"职务工资"单独一项作为计算基数。

2）如果劳动合同没有明确约定工资数额，或者合同约定不合理时，原则上"月工资收入"以员工实际月工资为标准。如果有具体的地方法规，遵照相应的地方法规执行。例如，上海市就出台了《上海市企业工资支付暂行规定》，其中第十一条明确规定"月工资收入"可以按照"在正常情况下的本人月实得工资的70%"确定。应当注意一点，虽然说，原则上以实际工资收入作为"月工资收入"计算加班费基数，但是，一些福利性补贴及津贴以及非正常收入，可以不计入"月工资收入"。

3）实行计件工资的，应当以法定时间内的计件单价作为加班费的计算基数。

另外，需要特别强调一点，即"月工资收入"不得低于当地最低工资标准，否则，应以最低工资确定"月工资收入"。

综上所述，案例中小李在劳动合同中约定月收入为1900元/月，因此，应该以1900元作为其"月工资收入"。

3. 加班倍数的确定

加班工资是指员工按照用人单位生产和工作的需要，在规定工作时间之外继续工作所获得的劳动报酬。在规定工作时间以外延长员工工作时间和休息日、法定休假日安排员工工作，都是占用了员工的休息时间，从立法的角度是不给予鼓励并加以限制的，因而，劳动法及国家的有关规定，明确规定用人单位在延长员工工作时间的情况下应当支付高于员工正常工作时间工资的工资报酬。例如，《劳动法》第四十四条规定："在标准工作日内安排员工延长工作时间的，支付不低于工资的150%的工资报酬；休息日安排员工工作又不能安排补休的，支付不低于工资的200%的工资报酬；法定休假日安排员工工作的，支付不低于300%的工资报酬。"用人单位遇到上述情况安排员工加班时，应当严格按照劳动法的规定支付加班费。属于哪一种情形的加班，就应执行法律对这种情况所做出的规定，相互不能混淆，不能代替，否则都是违反劳动法的行为，都是侵犯员工权益的行为，员工都可以依法申请法律保护。

综上所述，案例中小李年初一一天的加班，应该按300%支付加班费。如果春节前一周小李每天自愿2小时的加班也获得企业追认，那该段时间的加班费应按正常小时工资的150%支付。

4. 补休及加班费能否相互替代

案例中小李与企业还有一个争议点就是"法定节假日能不能因为安排补休和发了过节费而不发加班工资"，答案是"不能"。根据规定，单位在法定节假日安排员工加班的，应当按照不低于员工本人日或小时工资的300%的标准支付加班工资，而不得以调休等方式代替。但是，休息日加班的情况有所不同，依据《劳动法》第四十四条规定，休息日安排员工加班工作的，应首先安排补休，不能补休时，则应支付不低于工资的200%的工资报酬。补休时间应等同于加班时间。因而，在休息日安排员工工作，安排了补休可以不再支付加班工资。

案例 3-4

未签订书面劳动合同，
双倍工资如何计算

【案情】

《劳动合同法》确立了不签书面劳动合同的双倍工资法则，因此，2008年以来，关于双倍工资的案件层出不穷，在处理这类案件时，双倍工资差额的计算基数成了争议的焦点之一。本文针对这个问题，结合几十个生效判决，来做一个总结归纳。

2013年6月1日，黄某进入北京一家服装公司（以下简称服装公司）机加车间工作。入职时，服装公司未与其签订劳动合同，直至一年后双方签订了期限自2014年6月1日至2015年6月1日的劳动合同。黄某认为，公司延期1年才与其签署劳动合同，违反劳动合同法的规定，公司应承担支付双倍工资的责任，在这期间，黄某的月工资收入为税前6000多元。于是，黄某向劳动争议仲裁委员会申请仲裁，要求服装公司支付2013年6月1日至2014年6月1日未签订劳动合同双倍工资差额76000元。

劳动仲裁审理后认为，服装公司于2013年7月至2014年5月未与黄某签订劳动合同，应支付其双倍工资差额，即23000元。

【评析】

本案是一起关于双倍工资的典型案例，争议焦点在于服装公司向黄某支付双倍工资的差额如何确定。

经过询问了解到，黄某的工资发放的方式是下月发，每月的5日发放上个自然月的全月工资，其中3000元通过银行卡发放，并以3000元的标准缴纳了个人所得税和扣除了社保部分；另外3000元是通过现金签字的形式发放。签字的工资单由公司保存，个人没有；平时还有每月不等的奖金、加班工资，以银行卡形式发放。

结合本案的案情和代理过程中所遇到的问题，有以下问题可以探讨。

1. 双倍工资的计算基数是按照税前应发工资还是税后实发工资

《劳动合同法》第八十二条规定："用人单位自用工之日起超过一个月不

满一年未与劳动者订立书面劳动合同的，应当向劳动者每月支付 2 倍的工资；用人单位违规不与劳动者订立无固定期限劳动合同的，自应当订立无固定期限劳动合同之日起向劳动者每月支付 2 倍的工资。"

《劳动合同法》设立未签订劳动合同的双倍工资法则，旨在杜绝用人单位利用事实劳动关系的形成逃避缴纳社会保险费等法定义务，减少用工成本，侵害劳动者利益。因此，用人单位受到的惩罚应当以劳动者正常出勤下的工资为准，也即双倍工资差额的计算基数应当以正常出勤应发工资为准。由于应发工资和实发工资的差额部分，往往是扣除了个人所得税和社保、公积金个人承担的部分，而这部分应该属于工资的一部分，个人所得税是个人缴纳的，单位只是代扣代缴，在扣税之前是工资的一部分，属于工资，社保和公积金同样属于劳动者的劳动报酬，个人缴纳后等以后个人退休后或者购房后可以支取该部分款项，属于个人财产。既然法律规定了"每月支付 2 倍的工资"，那么就应该是按照税前的应发工资来支付。

于 2009 年 8 月出台的《北京市高级人民法院、北京市劳动争议仲裁委员会关于劳动争议案件法律适用问题研讨会会议纪要》第二十八条的规定，说明了应该按照应发工资来确定。

2. 实践中的代理抗辩技巧

在实践中，由于《劳动合同法》没有明确地直接规定双倍工资差额的计算基数，导致现在各仲裁委和法院出现不同的处理结果。一般来讲，由于没有签订劳动合同的案件中，用人单位往往没有给劳动者依法缴纳社会保险、公积金等，也没有依法扣缴个人所得税，因此应发工资实际上就是实发工资。

对于本案的情形，给劳动者依法缴纳了社会保险、公积金，也依法扣缴个人所得税，如何让劳动仲裁员和法官按照应发工资来作为计算依据呢？这里有个代理技巧，也就是在主张双倍工资的时候，除了在法庭的辩论阶段明确充分阐述应该按照应发工资作为计算基数外，还有就是在陈述和举证阶段，直接说明双方的税前工资，除非法官一再询问实发工资外，不要主动去提及实发工资，而是用应发的税前工资来回答法官的询问。根据经验，用人单位的律师往往是公司的法律顾问，不是做劳动法的专业律师，其经常抗辩的理由重点放在个人是否是公司的员工，或者是没有签订劳动合同的责任在劳动者的方面，对税前工资和税后工资不是很敏感，因此我们可以采取模糊处理的方式来追求委托人的合法权益的最大化，这个技巧在我们代理的案件中屡次成功。

3. 加班费、一次性奖金是否可以计算在内

双倍工资差额的计算基数应当以正常出勤的应发工资为准，因此加班费和一次性奖金等一般不能作为计算的基数，否则对用人单位不公平。当然在一些案子中，如果设计辩论方案得当的话，也是可以作为计算依据的，这个就需要具体案情具体分析了。

4. 本案中的现金发放的部分是否可以计算在内

无论是银行卡还是现金发放，这部分金额都是劳动者的工资，都应该计算在内的，这个应该没有什么争议。但是现金发放的部分在实际案子中很难被计算在内，原因是劳动者无法证明现金发放的事实存在，而用人单位也往往否认现金发放工资的事实。所以在这里提醒劳动者，如果公司采用现金发放工资的方式，就存在今后举证困难的隐患，平时要尽量收集和保留相关的证据，比如让公司开具个人收入证明等，以便于今后出现劳动争议的时候能够举证证明。

总之，仲裁诉讼是一项专业性很强的工作，在充分理解法律的同时，更多的是要熟悉法官和仲裁员的裁判尺度和审案习惯，做到知己知彼，才能不断地总结经验，更好地维护当事人的合法权益，以谋求当事人利益的最大化。

案例 3 - 5

离职员工是否应得年终奖

【案情】

李先生 2012 年进入某电脑软件公司担任技术部经理，双方先后签订过几份劳动合同，最后一份劳动合同至 2015 年 12 月 31 日止。李先生的月工资为 2 万元，另外，公司还规定员工每季度可以得到月工资 20% 的季度奖，每年还有一个月的工资作为年终奖。季度奖发放日期为下一季度第 1 个月底，年终奖的发放日期是下一年的 1 月底。2015 年 12 月 1 日，李先生书面通知公司合同到期不再续签。12 月 31 日，李先生办理完离职手续，在结算工资时，公司拒绝向李先生支付第四季度奖金和年终奖。双方协商不成，李先生将公司告上了劳动争议仲裁委。

【争议】

公司声称，根据公司惯例，2015 年第四季度奖金和年终奖是在 2016 年 1 月底发放，而那时李先生已经不是公司的员工了，所以该部分奖金不能发给李先生。

而李先生却认为不论是季度奖还是年终奖，都是公司对员工过去一个季度和一年工作的奖励，不能因为他离职而抹杀了他的全部工作成绩。

【评析】

本案的争议焦点在于员工年底离职了，是否该得到年终奖。奖金作为基本工资的补充，在整个工资结构中处于次要或从属地位。奖金的发放方式、标准、考核及对象都是由用人单位制定的。从这个角度看，企业掌握着奖金发放的主动权。而从另外一个角度来看，根据《关于工资总额组成的规定》，奖金又属于工资总额的组成部分，也就是说奖金也是工资，企业不得无故扣发。

本案中，电脑软件公司既没有特殊规定，也没有与员工约定相应的工作指标或考核标准作为季度奖和年终奖的发放标准，因此，这些奖金都是公司对于在过去一个季度或一年中能较好完成工作任务的员工的一种奖励，是劳动报酬的一部分，在员工提供了相应的劳动之后，应该发放给员工，不得以离职为由无故克扣。换言之，年终奖实际上是对李先生过去一年工作的一个总体回报，而与发放时间没有关系。这同企业发放工资的道理是一样的，不能因为企业的当月工资是在下一个月发放，就拒绝发放员工离职前最后一个月的工资。所以说，本案中企业以发放年终奖时员工已经离职作为拒绝发放奖金的抗辩理由是不能成立的。

很多企业特别是外资企业都有发放年终奖的惯例并且数额比较可观，但是企业对于年终奖发放的规定又往往不够健全，因此很容易发生劳资纠纷，企业在奖金发放上应该有明确的发放标准、方法等，并且让每位员工都能"看得见，听得懂，算得出"，这样才不至于把原本应该是高兴的事变成扫兴的事。

随着人性化管理的日趋完善，劳动者与企业对年终奖的观点有了渐趋一致的趋势：年终奖的发放与否，企业虽然有自主决定权和支配权，但对于一个营利企业来说，所有的利润都来源于每位员工的辛勤劳动和汗水。企业能否规范地发放年终奖对员工而言不仅是物质上的奖励，更是一种精神上的安慰，体现了企业对员工付出劳动的尊重和对劳动价值的回报，也让员工更增强了成就感和企业归属感。

案例 3-6

新进职工当年能否领取年终奖

【案情】

眼看要进入年尾，今年 7 月刚从大学毕业的小潘正盘算今年可拿多少年终奖，未料主管告诉他："公司张总在最近的会议上宣布一个新决定，年中新进人员当年一律不能领取年终奖，你要到明年才能领取年终奖。"对此，小潘很不满，双方产生争议。

【争议】

小潘认为，双方的劳动合同中写得很清楚：经考核合格每月可领取规定数额的奖金，年终奖按实际履行月份所应分摊的规定数额领取。而自己入职已半年，竟然一分钱年终奖都没有，公司的做法违反了劳动合同的约定。

公司认为，是否发放年终奖，是由公司自行决定的。公司的制度规定新进人员当年一律不能领取年终奖，所以无论小潘工作情况如何，都不能领取奖金。

【评析】

和离职员工一样，如果公司规章制度和劳动合同都未对年终奖明确规定，按同工同酬原则，劳动争议仲裁机构或法院一般会支持这些"新进员工"得到一定比例的年终奖。如果公司规章制度和劳动合同明确规定新进员工不得享受年终奖，那么从法律上讲，新进员工就较难追索到年终奖。

问题是小潘的情况有所不同。首先，公司总经理宣布的决定不等于是依法制定的规章制度。《劳动合同法》规定，用人单位在制定、修改或决定有关劳动报酬、保险福利等直接涉及劳动者切身利益的规章制度或重大事项时，应当经职工代表大会或全体职工讨论，提出方案和意见，与工会或职工代表平等协商确定。用人单位应当将直接涉及劳动者切身利益的规章制度和重大事项决定公示，或告知劳动者。如未经以上法定程序，新制度的法律效力就会受到质疑。

其次，即使总经理宣布的新制度是依法制定的，但与小潘劳动合同上的有关条款内容不一致。《最高人民法院关于审理劳动争议案件适用法律若干问题的解释（二）》第十六条规定："用人单位制定的内部规章制度与集体合同或者劳动合同约定的内容不一致，劳动者请求优先适用合同约定的，人民法院应予支持。"所以，小潘可依法主张获得本该属于他的那部分年终奖。

案例 3 - 7

企业职工患病或非因工负伤
仍然享受保障

【案情】

齐先生在某公司已经工作 3 年了。2016 年 1 月，齐先生感觉自己身体不适，经医院检查发现患上了胰腺癌，做完手术后，在家休养了一段时间。这段时间，齐先生向公司请病假要求休息，但公司表示，按照规定，员工患病不能到单位上班的，公司只准休息一个月，而且公司只能支付一个月的病假工资，如果超过一个月，公司就不为其支付工资，社会保险除按规定由个人承担的以外，应由公司缴纳的部分也由员工按月交给公司，由公司代为向社会保险机构缴纳，即保险费全部由员工个人承担。那么员工在病假期间可以享受什么权益，齐先生可以向公司主张哪些应得的待遇？

【评析】

上海市人民政府印发的修订后的《关于本市劳动者在履行劳动合同期间患病或者因工负伤的医疗期标准的规定》的通知（沪府发〔2015〕40 号）第二条规定：医疗期按照劳动者在本用人单位的工作年限设置。劳动者在本单位工作第 1 年，医疗期为 3 个月；以后工作每满 1 年，医疗期增加 1 个月，但最多不超过 24 个月。

《劳动部关于印发〈关于贯彻执行中华人民共和国劳动法若干问题的意见〉的通知》第五十九条规定：职工患病或非因工负伤治疗期间，在规定的医疗期内由企业按有关规定支付其病假工资或疾病救济费，病假工资或疾病救济费可以低于当地最低工资标准支付，但不能低于最低工资标准的 80%。

《劳动合同法》第四十条规定："有下列情形之一的，用人单位提前三十日以书面形式通知劳动者本人或者额外支付劳动者一个月工资后，可以解除劳动合同：（一）劳动者患病或者非因工负伤，在规定的医疗期满后不能从事原工作，也不能从事由用人单位另行安排的工作的……"

《劳动合同法》第四十二条规定："劳动者有下列情形之一的，用人单位不得依照本法第四十条、第四十一条的规定解除劳动合同：患病或者非因工负伤，在规定的医疗期内的……"

《劳动合同法》第四十五条规定：劳动合同期满，有本法第四十二条规定情形之一的，劳动合同应当续延至相应的情形消失时终止。

《劳动合同法》第四十六条规定："有下列情形之一的，用人单位应当向劳动者支付经济补偿：用人单位依照本法第四十条规定解除劳动合同的……"

《劳动合同法》第四十七条规定：经济补偿按劳动者在本单位工作的年限，每满一年支付一个月工资的标准向劳动者支付。六个月以上不满一年的，按一年计算；不满六个月的，向劳动者支付半个月工资的经济补偿。

《上海市劳动合同条例》第四十四条规定，用人单位根据本条例第三十二条第一款第一项的规定解除劳动合同的，除按规定给予经济补偿外，还应当给予不低于劳动者本人六个月工资收入的医疗补助费。第三十二条规定："有下列情形之一的，用人单位可以解除劳动合同，但是应当提前三十日以书面形式通知劳动者本人：一、劳动者患病或者非因工负伤，医疗期满后，不能从事原工作也不能从事由用人单位另行安排的工作的……"

《关于调整上海市 2015 年最低工资标准的通知》规定，下列项目不作为最低工资标准的组成部分，用人单位应按规定另行支付：劳动者个人应缴纳的各项社会保险费和住房公积金。

对于公司员工在患病或非因公负伤期间享受什么待遇，一般公司现在都是按照公司内部制定的员工制度或公司制度等规定执行，给予员工一定的病假工资，但对于员工患大病时，在患病治疗期间应当享受什么待遇，很多人都不清楚。首先，对于缴纳过社会保险的员工而言，其在患病或非因公负伤期间可以享受医疗保险待遇，对于没有给员工缴纳社会保险的公司，员工在患病或非因公负伤后可以按照医疗保险的待遇标准要求公司报销医疗费。同时，劳动保障部门对员工患病或非因公负伤也有相应规定，如：员工患病或非因工负伤，根据工作期限享有一定期限的医疗期，在医疗期内公司不得与患病或非因工负伤的员工解除劳动合同，患病或非因工负伤的员工在法定的医疗期内可以领取一定的病假工资等。

根据我国的有关职工患病或非因工负伤的相关规定，对于员工患病或非因公负伤，根据劳动期限享有一定的医疗期，法定公休日、法定节假日包括在医疗期间内。在医疗期内，员工所在单位不得与员工解除劳动关系，如果劳动关系在医疗期内届满，则劳动关系应当延续至医疗期结束，医疗期内应当向员工支付工资，保障患病员工的基本生活，医疗期结束后，如果员工仍然无法到单位工作，单位可以依据实际情况解除劳动关系。

齐先生在公司工作 3 年，依法可以享受 5 个月的医疗期。医疗期内，员工享受病假工资待遇，且不低于当地最低工资标准的 80%，在医疗期结束后，经劳动鉴定委员会鉴定不构成完全丧失劳动能力的，如果齐先生确实无法继续从事原工作，也不能从事由用人单位另行安排的工作的，用人单位要想与齐先生解除劳动关系，应当提前一个月通知或支付 1 个月的工资，并按齐先生在本单位的工作年限，每满一年发给相当于一个月工资的经济补偿金，同时用人单位还应发给齐先生不低于 6 个月工资的医疗补助费。由于齐先生在上海工作，根据上海市的相关规定，齐先生在医疗期内所得到的病假工资或疾病救济费属于净得收入，用人单位在医疗期内仍然应当为其缴纳各项社会保险费用以及住房公积金，至于个人应缴纳的各项社会保险费和住房公积金，用人单位应当另行支付。同时，用人单位必须全面执行当地的各项法律、法规、规章，如果用人单位的规章制度及决定与现行的法律、法规相违背，则属于无效规定。

案例 3-8

病假弄虚作假要承担责任

【案情】

小付大学毕业后跳了几家单位，总感觉在工作中有这样那样的不满意，不是岗位不满意就是薪水不满意。最后，小付进入了一家颇有名气的大企业，并签订了无固定期限合同。工作两年后，小付称身体有恙去医院看病，随后就递上医院开具的一个月的病假单，一个月后再次递上医院开具的一个月的病假单。一个月以后，小付收到了公司的解除合同通知书。通知书告知：因小付提供虚假病假证明，违反了公司的规章制度，公司依法解除双方的劳动合同。小付不服，拿着这张解除合同通知书来到了仲裁委员会申请仲裁，要求公司支付提前通知期工资、经济补偿金、上半年度奖金等共计费用4.5万余元。

【争议】

庭审中，小付称：提交的病假单由医院出具，公司有何凭据认定病假单是伪造的？他认为公司的行为严重违反法律规定，侵犯了个人的合法权益。

公司则辩称，小付在工作期间分两次提供了各一个月的病假单，经公司查实，医院并未开出过这种类型的病假单，并向仲裁委提供了原病假单上医院的证明和病假单上医师的说明。公司指出这种行为实际上是旷工行为，是一种欺骗行为，这种行为法律也不容许，并因此要求小付返还这两个月的工资。

【评析】

仲裁委在开庭的基础上查实：小付在今年春节过后到医院去看病，随后递交给公司一个月的病假单，隔了一段时间以后，又递交了一个月的病假单。当时公司将这段时间认定为病假而发放了病假工资。不久，公司去核实病假单情况，某医院出具了小付提供的病假单均非该医院和医师本人所为的证明。

仲裁委认定：根据公司提供的医院证明及医师证言，对公司要求认定病假单无效的请求予以支持。公司以该员工行为属欺瞒并违反规章制度解除与该员工的劳动合同行为并无不妥。公司认定该员工这两个月因提供虚假病假单造成事实上的旷工行为，要求其返还在病假期间发放工资的请求予以认可。

对小付要求公司支付提前解除合同的通知期工资及经济补偿金的请求不予支持。对小付要求公司支付上半年度奖金的请求等因未提供有关证据材料，仲裁委也难以支持。

本案争议的焦点是公司能否依据相关证据作出解除该员工劳动合同的行为。《劳动法》和《上海市劳动合同条例》都明确规定：劳动者严重违反劳动纪律或者用人单位规章制度的，用人单位可以解除劳动合同。

本案中，小付提供的病假单经单位核实为虚假病假单，这种行为无论从哪个角度讲，都是一种违法行为，所以单位以其违反公司规章制度与其解除劳动合同并无不妥。只要公司解除合同的理由充分并且是在遵守法律的基础上，那么仲裁委就是认可的。

案例 3 – 9

职工离职讨年假补偿，
单位称已用事假冲抵

【案情】

赵先生原在一家文化公司从事企划工作。2011 年 11 月，文化公司提前与他解除了合同。赵先生离职前，双方就赵先生年休假补偿问题发生纠纷。前不久，赵先生致电 12351 职工服务热线，反映该公司未安排自己休年假，也未给予经济补偿，请求工会依法维护其合法权益。北京市东城区工会劳动争议调解中心受理了此案，并进行调解。

【争议】

对于赵先生反映的问题，该文化公司的一位负责人称，他们单位是一个严格执行国家各项规章制度的企业，从未出现过侵害职工合法权益的事。公司提前解除了与赵先生的劳动合同，但经过双方协商，公司满足了赵先生提出的补偿条件，双方之间已经没有争议。

该负责人同时表示，2011 年公司确实没有安排赵先生休年休假，那是因为赵先生在 2011 年春节回家探亲时多请了几天事假，并提出用年休假冲抵，公司表示同意，所以他们认为这实际上就等于安排赵先生休年休假了。现在赵先生又要求单位支付未休年假的经济补偿，是没有道理的。

而对于该文化公司的这种说法，赵先生却并不认同："我春节回家除探亲假外，还请了几天事假，因为我和女友早就约好，12 月去香港，不可能用年休假冲抵事假。"

不过，不论是文化公司还是赵先生，却都没有证据证明各自的说法。

【评析】

对此，劳动争议调解中心调解员在听完双方陈述后，详细向文化公司负责人、赵先生讲述了国家对于职工年休假的相关规定。

按照 2008 年施行的《职工带薪年休假条例》及《企业职工带薪年休假

实施办法》规定，用人单位与职工解除或者终止劳动合同时，当年度未安排职工休满应休年休假的，应当按照职工当年已工作时间折算应休未休年休假天数，并支付未休年休假300%的工资报酬，但折算后不足1整天的部分不支付未休年休假工资报酬。同时规定，探亲假与年休假是两种不同的休假制度，不应互相冲抵。此外，职工请事假累计20天以上且单位按照规定不扣工资的，不享受当年的年休假。

结合赵先生和单位的纠纷，调解员认为，文化公司未安排赵先生休年假，又提前解除了劳动合同，按规定应支付赵先生300%的年休假工资。文化公司称赵先生用事假冲抵了年休假，但因其全年事假累计不足20天，没有达到不享受年休假的条件，因此文化公司应当支付赵先生未休年假工资。

最终，该文化公司接受了调解员的调解意见，与赵先生协商一致后，同意向赵先生支付未休年休假工资报酬。

至此，这起因年休假引发的劳动争议纠纷，画上了圆满句号。

从这个案子当中可以看到，年休假和事假是两种不同性质的假期，不能够互相抵扣。在现实中常常有这种情况，一方面员工请着事假，而另一方面又放着大量的年假不用，给单位的管理带来难度，这种情况确实也不合理。之所以员工不愿抵扣是因为应休未休年休假的补偿标准和事假扣款之间有差额，那么如果单位规定在年假未休息完之前请事假应用年假抵扣是否可以呢？根据高院的司法解释，用人单位通过民主程序制定的规章制度，只要不违反国家法律、行政法规及政策规定，并已向劳动者公示的，可以作为人民法院审理劳动争议案件的依据。据此，如果公司在年休假制度里明确规定了请事假应该先用年休假抵扣，并向员工公示告知，那么被判处支付经济补偿的可能性就几乎不存在了。

案例 3 – 10

员工怎样享受带薪年休假

【案情】

张某系上海某服装公司的一名普通工人,自2008年3月进入该公司以来,其工资的发放一直实行计件制。2011年2月,张某的父亲卧病在床需要有人照顾,张某从同事处得知像自己这样的情况可以享受5天的带薪年休假,遂向公司提出休假的请求,但是公司认为张某是计件制工人,无权享受带薪年休假,不仅拒不安排,而且令张某万万没有想到的是,在多次请求遭拒之后,公司竟然向其发出了解除劳动合同的通知书。张某不理解自己争取合法权益究竟错在哪里,2011年8月,他一纸诉状将公司告上劳动仲裁,要求公司支付应休未休年休假的工资及违法解除劳动合同的赔偿金。张某被辞退前12个月的工资共计50000元,其中包括加班费12000元。

本案经过依法开庭审理,劳动仲裁在查明事实真相的基础上,本着公平公正的原则最终裁决支持了张某的全部诉讼请求。

【评析】

本案该服装公司违法解除张某劳动合同的事实十分清楚,双方的争议主要存在于对带薪年休假应如何享受的问题上。下面先来了解一下我国现行的带薪年休假制度。

原则上,机关、团体、企业、事业单位、民办非企业单位、有雇工的个体工商户等单位的职工连续工作1年以上的,享受带薪年休假。然而,是不是只要与用人单位建立劳动关系的职工,连续工作1年以上,就享有带薪年休假呢?就这一问题,应当明确两点:首先,对于劳务派遣职工,劳务派遣单位、用工单位应当协商安排被派遣职工年休假,而被派遣职工无工作期间可充抵年休假;其次,对于非全日制职工,到目前为止相关法律法规并未明确其可以享受带薪年休假的待遇。

由于享受带薪年休假的资格和相应待遇标准都与职工的工龄挂钩,所以,明确工龄的计算方法也就显得十分重要。职工连续工作 1 年以上即有资格享受带薪年休假，这也是享受带薪年休假最主要的条件。带薪年休假的待遇标准按照员工的累计工作时间进行划分。职工累计工作已满 1 年不满 10 年的，年休假 5 天；已满 10 年不满 20 年的，年休假 10 天；已满 20 年的，年休假 15 天。此外，如果劳动合同、集体合同约定的或者用人单位规章制度规定的年休假天数、未休年休假工资报酬高于法定标准的，用人单位应当按照有关约定或者规定执行。当然，法律作出的只是底线性规定，因此并不排除当事人双方高于该标准的约定。

对于带薪年休假的天数，一般情况按照累计工龄即可推知，但由于年休假按公历年度计算，所以在入职和离职这两种特殊情况下其计算往往比较复杂。

新入职的职工，连续工作满 1 年后，往往跨越年度，在计算其首次应享受带薪年休假时应当进行折算，即（当年度在本单位剩余日历天数÷365 天）×职工本人全年应当享受的年休假天数；同样，对于离职员工，其离职年度的年休假天数也应进行折算，即（当年度在本单位已过日历天数÷365 天）×职工本人全年应当享受的年休假天数，并且该职工在离职前多休年休假的天数不再扣回。折算后如果不足一天的不计入，应当注意这里并不是四舍五入，而是只要不足一天即舍去。

带薪年休假，顾名思义，在带薪年休假期间，职工享受与正常工作期间相同的工资收入。这里比较特殊的是如何理解实行计件工资、提成工资或者其他实行绩效工资制职工的正常工资。对于这些员工应当先计算其前 12 个月的月平均工资，其中不包含加班工资，再除以计薪日天数即 21.75，才得出正常的日工资。

只有在用人单位安排职工休年休假，但是职工因本人原因且书面提出不休年休假的情况下，用人单位才可以只支付职工正常工作期间的工资收入；其他情况下对职工应休未休的年休假天数，单位应当按照该职工日工资收入的300%支付年休假的工资报酬（其中含正常工资收入）。这就意味着即便用人单位经职工同意不安排年休假以及对于职工离职未休年休假的，用人单位都应按照该职工日工资收入的300%支付年休假工资报酬。

同时，如果用人单位不安排职工休年休假又不依法支付未休年休假工资报酬，劳动行政部门可依职权责令限期改正；对逾期不改正的，用人单位除应支付未休年休假工资报酬外，还应当按照未休年休假工资报酬的数额向职工加付赔偿金。

由此可见，无论是正式员工还是劳务派遣员工，无论是计时制员工还是计件制员工，只要连续工作满一年以上，就可以享受带薪年休假待遇。本案亦是如此，张某虽为计件制员工，同样可以依法享受带薪休假。具体到张某，其应休未休带薪年假的工资待遇应当按照他离职前12个月的日平均工资收入的300%进行支付（其中含正常工资收入），其标准应为：（50000－12000）÷12÷21.75×300%＝436.77（元/天）。扣除已经支付的1倍工资，实际金额为291.18元/天，5天带薪年休假应补差额1455.90元。

第四章

工伤认定及工伤保险待遇

案例 4-1

职工工作间隙休息发生意外也属于工伤

【案情】

河南省荥阳一家企业为了能赖掉职工工伤认定，拒付工伤赔偿款，声称"职工受伤，完全是其在班中因怠工行为所致，不得认定为工伤"，所以对劳保部门给职工认定工伤感到十分不满，将劳动保障部门告上法庭。荥阳市人民法院受理了此案，并依法组成合议庭，对本案进行了公开开庭审理。9月7日，法院最终判决伤者的伤情属于工伤。

现年58岁的田某是荥阳市高村乡人，他在荥阳市同兴碳素有限公司（以下简称同兴公司）已经工作了好一段时间了。2014年5月31日00：30分左右，田某在上夜班时推完一车料后，在工作间外40米处的水沟边休息时，不料被公司路过的铲车从双腿上轧过，造成双股骨骨折。后虽经市中医院全力抢救，但最终他的双腿还是造成了八级伤残。

田某出院后，向荥阳市人事劳动和社会保障部门申请工伤，同兴公司当时也同意申请工伤。2014年12月26日，劳保部门认定田某为工伤。工伤结论出来后，企业一看，要掏一大笔钱，于是拒绝工伤认定，在提起行政复议过后，把劳保部门告到法院，要求撤销劳保部门作出的工伤认定，并要求劳保部门作出田某不构成工伤的认定。

【争议】

原告律师认为：2014年5月31日00：30分左右，第三人田某在班中因怠工行为被工作中的装载机倒车时轧伤。被告市劳保局无视田某的过失，将其违规怠工美化成合法的工间休息，认定其为工伤。请求法院依法撤销市劳保局作出的101号工伤认定书。此外，田某在上班时间私自离开工作岗位，到不安全的道路边睡觉，严重违反劳动纪律，对本事故应负绝对责任。总之，同兴公司认为田某的行为是违反公司的劳动纪律而引起的。

被告劳保部门辩称：田某所受伤害是在履行其本职工作后工间休息时发

生的。工作间隙休息虽与工作内容无关，但间隙休息是日常工作中正常、必要而合理的生理需要，与其正常工作密不可分。用人单位同兴公司提供的田某所受伤害不构成工伤的证据无法律依据。田某受伤事实清楚，符合《工伤保险条例》规定的工伤认定条件。劳保部门指出，原告律师明白无误地说，第三人田某在班中因怠工行为被工作中的装载机倒车时轧伤，这只能证明田某受伤时确实在履行职务行为。劳保部门请求法院驳回原告的诉讼请求。

【评析】

法院审理后认为，田某的情况符合《工伤保险条例》第十四条第一项规定"在工作时间和工作场所内，因工作原因受到事故伤害的"，应认定为工伤。

"工作时间"是指劳动者为履行工作义务，在用人单位从事生产或工作的时间。根据《劳动法》及其相关规定，我国实行劳动者每日工作时间不超过 8 小时，平均每周工作时间不超过 40 小时的工作制度。据此，实行标准工时制度的用人单位规定的具体上下班时间即为职工的工作时间，实行不定时工作制的用人单位，单位确定的时间为职工的工作时间。如果用人单位违法确定工作时间的，在该期间内发生的职工伤害事故，不得将其排除在工伤范围之外。职工如果在工作时间私自外出受到伤害的，则不得认定为工伤。

"工伤"是指职工在日常工作所在的场所，上级领导指派其从事工作的场所以及在工作时间内来往于多个与其工作职责相关的工作场所之间的合理区域因工受到伤害的情况。"因工作原因受到伤害"是指职工因执行工作任务或业务而发生对生命健康安全的事故伤害。如果伤害发生在工作时间，工作场所之内，但不是由于执行任务或业务而发生的，则通常不认定为工伤。需要说明的是：职工从事其用人单位领导或负责人临时指定的不属于其岗位的工作，发生事故伤害的，应当认定为工伤；职工经本单位负责人或领导的同意，从事本岗位之外的，但与本单位有关的科学实验、发明创造和技术改造等工作而受到事故伤害的，应当认定为工伤。

第三人田某与原告同兴公司存在劳动关系。田某在工间休息时受伤事实清楚。工间休息是职工劳动过程中的客观需要，是工作的一部分。因此田某在工作时间和工作场所内，因工作原因受到事故伤害，符合工伤认定条件。被告市劳保局作出的 101 号工伤认定书证据确凿，适用法律、法规正确，符合法定程序，依法应予以维持。所以法院最终判决田某的伤情确属工伤。

案例 4-2

员工参加拓展训练，受伤算工伤吗

【案情】

2013 年初，姜某到沈阳一家酒楼从事营销工作。2013 年 11 月 14 日，姜某参加了单位组织的内部员工拓展训练，在训练"信任背摔"时不慎将鼻子砸伤。经辽宁省人民医院诊断为鼻骨骨折。姜某受伤后离职，后经法院确认，姜某与酒店存在劳动关系。2014 年 6 月 23 日，姜某提出工伤认定申请。2015 年 3 月 9 日，沈河区人力资源和社会保障局作出工伤认定决定，认定姜某所受的左侧鼻骨骨折伤害为工伤。酒店不服，向沈阳市人力资源和社会保障局申请复议。2015 年 6 月 22 日，沈阳市人力资源和社会保障局对工伤认定决定予以维持。酒店不服，诉至法院。

【争议】

酒楼辩称，姜某不是在工作时间和工作场所受到事故伤害，姜某的受伤时间是休息时间，地点也不在单位内，员工是基于自愿参加的拓展训练活动，因自己未注意而受伤，不属于工伤。《工伤保险条例》中明确规定只有在工作时间和工作场所内受到的事故伤害才可认定为工伤，姜某属公休时间在业余活动中受伤，因而不符合该条款的规定。

沈河区人力资源和社会保障局认为，姜某参加的是单位组织的拓展训练，拓展训练是为了给单位带来更好的效益，姜某在此期间受伤，应认定为工伤。

【评析】

法院认为，本案中，酒店组织单位内部员工进行拓展训练，该活动方式和内容并不违背法律禁止性的规定。姜某作为酒店员工，参加活动，可视为属于工作的内容。这种集体活动是单位加强职工之间团结和睦、增强员工凝聚力、调动员工积极性、提高工作效率的一种手段和方式，同时也是酒店训练员工工作拓展能力的需要。姜某在参加活动中受伤，没有主观上的过错。

沈河区人力资源和社会保障局作出的工伤认定决定，适用法规正确，并无不当。法院判决驳回酒店的诉讼请求。酒店不服，提出上诉。市法院于近日驳回上诉，维持原判。

根据最高人民法院2014年4月21日颁布的《关于审理工伤保险行政案件的若干规定》第四条"社会保险行政部门认定下列情形为工伤的，人民法院应予支持……（二）职工参加用人单位组织或者受用人单位指派参加其他单位组织的活动受到伤害的"，本案完全符合高院对于工伤认定的规定，因此被认定为工伤。

此外，《对〈关于职工参加单位组织的体育活动受到伤害能否认定为工伤问题的请示〉的复函》（国法秘函〔2005〕311号）也对此给予了规范性意见："辽宁省人民政府法制办公室：你办《关于职工参加单位组织的体育活动受到伤害能否认定为工伤问题的请示》（辽政法〔2005〕6号）收悉。经研究，答复如下：作为单位的工作安排，职工参加体育训练活动而受到伤害的，应当依照《工伤保险条例》第十四条第（一）项中关于'因工作原因受到事故伤害的'的规定，认定为工伤。"

案例 4-3

私人性质聚会后出车祸死亡不能认定为工伤

【案情】

苍某是某婚纱摄影中心工作人员。2010年5月11日晚6：40左右，摄影中心老板娘的丈夫董某请朋友吃饭，摄影中心工作人员一同前往。饭后，董某的朋友邀请用餐人员去唱歌，自愿参加。包括苍某在内的20余人去唱歌。当晚11：00左右唱歌结束后，苍某所乘车辆在回家的路上发生交通事故，苍某死亡。苍某之母黄某申请工伤认定，当地人力资源和社会保障局不予认定工伤。

【争议】

苍某家属认为聚餐活动由老板娘的丈夫组织，并且摄影中心工作人员一同前往，聚会行为应属于工作的一部分。苍某等人离开聚会回家的途中发生车祸应属于在下班途中遭遇交通事故，完全符合工伤认定标准。

当地人保局则认为苍某参加的聚餐与唱歌活动具有私人聚会性质，与工作并无关联性，并非工作的延续，不属于工伤。

【评析】

苍某之死能否被认定为工伤，重点在于认定其参加聚餐及唱歌活动是否与工作具有关联性，是否是工作的延续。而认定这一问题需要从活动的组织者、目的、参加人员、内容、费用负担等方面综合考虑。

本案中，尽管苍某参加的聚餐活动是由摄影中心老板的丈夫董某组织的，但不能仅凭此点就认定该活动与工作具有关联性。聚餐的目的在于董某答谢朋友，邀请摄影中心工作人员参与是临时决定，并且是否参与取决于摄影中心工作人员的个人意愿；聚餐人员中大多数为董某的朋友，摄影中心工作人员仅占少数；聚餐过程中不涉及摄影中心工作总结、部署或者业务洽谈等与工作有关的内容；聚餐费用由董某的朋友实际负担；聚餐后的唱歌活动则是在聚餐过程中由董某的朋友临时提议的，是否参与取决于聚餐人员的个人意愿，唱歌过程与摄影中心工作亦无关联。综合这些方面，苍某参加的聚餐与唱歌活动具有私人聚会性质，与工作并无关联性，并非工作的延续。苍某在唱歌结束后发生交通事故并不符合《工伤保险条例》第十四条第（六）项规定的认定为工伤的情形。

案例 4-4

上班时间自杀，算工伤吗

【案情】

王某是 A 市某公司的仓库保管员，1999 年被确诊患有精神分裂症。此后，其曾三次住院治疗，2004 年企图自杀被人发现后获救。2015 年 9 月，王某又因病发去医院就诊，医院为其出具了 7 天的病假证明。病假结束后，王某回单位正常上班。10 月，王某被发现死于其工作场所仓库内。经公安部门鉴定，王某是服用该公司保存在仓库中的杀虫剂死亡的，而该杀虫剂含有"甲胺磷"成分。

A 市劳保局作出了工伤认定书，认定王某为因工死亡。该公司不服，提起行政复议，省劳动和社会保障厅作出维持工伤认定结论的决定。该公司仍然不服，提起了行政诉讼，将 A 市劳保局告上了法院。

【争议】

该公司称，王某是自杀身亡，对此公安机关已经得出结论。并且，王某死亡当天及之前工作生活一切正常，不存在无意识服食农药或者误食农药的情况，因此被告认定王某因工死亡缺乏事实依据。

A 市劳保局辩称，根据公安机关的鉴定结论，可以证实王某死于工作时间和工作场所内；王某确实有精神病史，并且在事发前不久又因病发到医院就诊，医生还出具了病假证明。因此，王某在工作时间喝杀虫剂的行为当属精神病发作期间的无意识行为。并且该公司也没有按照国家有关规定妥善保管甲胺磷，因此对王某的死亡应承担相应的责任。所以，他们作出的工伤认定书是完全正确的。

【评析】

法院经审理认为，公司明知王某属于有自杀倾向的精神病职工，对其应负有更为严格的劳动安全卫生保护义务。甲胺磷系危险化学品，原告在未经培训和考核的情况下，安排一名精神病人从事储存危险化学品的工作，显然未尽到劳动安全卫生保护的义务，使得王某的工作场所存在不安全因素，并直接导致他的死亡。可见，王某的死亡与其工作环境存在不安全因素有关，据此可以认定，王某是因工作原因死亡。

《工伤保险条例》第十六条规定，自杀不得认定为工伤。但原告仅能证明王某在白天的精神状态正常，不能证明王某喝甲胺磷时精神状态正常。结合王某的精神病史，可以推定王某是在精神病发作、无意识的状况下喝下甲胺磷的，所以不能认定王某主观上有结束自己生命的故意。

综上，王某是在工作时间和工作场所内，因工作原因死亡的，属于应当认定工伤的情形。因此，A 劳保局作出的工伤认定是正确的，依法应予维持。

案例 4-5

女工遭遇车祸身亡，
手机短信锁定工伤

【案情】

山东德州一名女工在车祸中不幸遇难，这天她是正在休班还是在上班途中死亡？近日，德州市中级人民法院根据死者手机发出的短信和通话时间记载，终审判决维持德州市劳动和社会保障局认定其为工伤的决定。

2014年7月17日7点10分，在德州市陵西路与共青团路交叉路口西侧发生了一起交通事故，德州某机床公司女工张某被一辆拖拉机变形运输车碾轧致伤，经送医院抢救无效死亡。

事故发生后，死者的丈夫申请认定工伤。经查，从时间上看，张某发生交通事故是上午7点多，正在上班的合理时间段内；从路线上看，根据德州市区的实际地形，涉案交通事故地点位于张某的住所到工作单位的合理路线上。德州市劳动和社会保障局受理后，在深入调查的基础上作出了工伤认定决定书，认定张某是在上班途中发生交通事故死亡，符合《工伤保险条例》第十四条第（六）项规定的认定工伤的情形，张某之死为工伤。对此，德州市政府亦作出行政复议决定予以维持，而德州某机床公司认为该工伤认定决定错误，一直不服，并于2015年3月诉至法院，要求撤销德州市劳动和社会保障局作出的工伤认定决定书。

【争议】

"车祸发生这天，死者张某是正常上下班还是休息日？"在法庭上，围绕这一焦点问题，原告德州某机床公司、被告德州市劳动和社会保障局以及案件第三人即死者张某的亲属等各方当事人之间唇枪舌剑、纷争不休。

在举证中，原告德州某机床公司提交了该公司考勤表、轮班表以及多名单位职工的证言等，辩称：公司曾于2014年4月制定并实施了《关于实行休班制度的通知》，按此规定，事故发生当天正值张某的休息日，张某无须上班，所以，张某遇车祸死亡并非是在上下班途中，对其死亡不应当认定为工伤。

而死者的丈夫对原告德州某机床公司的举证不予认可。他在答辩中向法庭提交了一条短信，此短信是死者张某在事故发生的前一天下午发给他的，妻子在短信中说让丈夫领着孩子买着肉傍晚到婆母家包饺子吃，并要多包些饺子以备她第二天早晨上班携带作为早餐。据此，丈夫主张事故发生这天并非妻子的休息日，妻子张某是照常上班的，其是在上班路途中遇车祸死亡的，依法应认定为工伤。

【评析】

2015 年 6 月，德城法院一审判决维持被告德州市劳动和社会保障局作出的工伤认定决定书。对此，德州某机床公司仍不服，以原审判决认定事实不清为由提起上诉。

德州市中级人民法院在二审中对张某遇车祸死亡的事实再次进行细致调查，并在查明原审认定事实属实的基础上，根据死者张某手机通话清单查明，在包括事故发生日在内的上班时间段，张某的手机通话都是使用中国电信股份有限公司德州分公司管理的 48 号基站信号，而该基站信号覆盖着德州某机床公司的厂区，死者张某的居住地并不在该基站信号覆盖区域内，由此更加不能排除张某在"休班"日上班的可能性。

德州中院审理认为，《工伤保险条例》第十九条第二款规定"职工或者其近亲属认为是工伤，用人单位不认为是工伤的，由用人单位承担举证责任"，用人单位如果拒不举证的，劳动保障行政部门可以根据受伤害职工提供的证据依法作出工伤认定结论。这里的举证责任要求用人单位所举证据的证明效力要比职工或其直系亲属所举证据占有较强的优势，即具有高度盖然性。本案中，德州某机床公司虽然提交了考勤表、轮班表以及单位职工的证人证言等，但是考勤表、轮班表均是公司单方制作的，不能证明其客观性，其证明效力较低，所以不予认可；职工的证人证言因与德州某机床公司存在隶属关系，证明对德州某机床公司有利的内容证据效力较低，故德州某机床公司主张张某不是在上下班途中发生交通事故证据不足。遂作出终审判决：驳回上诉，维持原判。

案例 4－6

第三人原因造成工伤的"停工留薪期工资"与侵权人赔偿的"误工费"能否抵扣

【案情】

李某于 2010 年 6 月 20 日入职诚尔信公司担任保洁员，双方签订期限为 2010 年 6 月 20 日至 2012 年 6 月 19 日的劳动合同书，约定工资标准为每日 75 元。诚尔信公司未为李某缴纳在职期间的工伤保险。

2011 年 7 月 1 日，李某在工作期间发生交通事故受伤，经交通管理部门认定由对方司机冯某负全部责任。2012 年 5 月 7 日，北京市海淀区人力资源和社会保障局作出"认定工伤决定书"：2011 年 7 月 1 日李某是发生工伤。2012 年 7 月 26 日，北京市海淀区劳动能力鉴定委员会作出劳动能力鉴定，认定李某于 2011 年 7 月 1 日发生工伤，具体伤情为"跖跗关节骨折（多发、左侧），行内固定术后"，达到职工工伤与职业病致残等级标准 9 级。2011 年 7 月 1 日至 2011 年 11 月 14 日李某处于就医治疗期间，诚尔信公司未向其支付工资。2011 年 11 月 15 日李某开始返岗工作，并工作至 2012 年 1 月 20 日，此后未再向诚尔信公司提供劳动，双方亦未就劳动关系作出处理。2012 年 3 月 3 日李某达到法定退休年龄，并依法享受基本养老保险待遇。

其间李某获得由中国人民财产保险股份有限公司北京市丰台支公司、冯某支付李某住院伙食补助、误工费、残疾赔偿金、营养费、交通费、精神抚慰金、被抚养人生活费、鉴定费等相关费用。

后李某申请仲裁要求诚尔信公司支付停工留薪期工资、医疗费、一次性伤残补助金、一次性工伤医疗补助金、一次性伤残就业补助金，因公司不服裁决又上诉至法院。

【争议】

诚尔信公司称：2011 年 7 月 1 日李某受伤后已经获得了肇事司机的交通事故赔偿 150000 元，现又向公司主张工伤赔偿，不符合损失与赔偿金额相适应的法律精神。公司多次要求其提供交通事故案件的材料，以便确认工伤待遇，但是李某一直没有向公司提交。李某是在工作岗位上受伤的，肇事司机给李某带来伤害的同时，也给公司造成损失，应当由肇事司机承担相应赔偿责任。故请求法院判令公司无须支付 2011 年 7 月 1 日至 2011 年 11 月 14 日停工留薪期工资、一次性伤残补助金、一次性医疗补助金、一次性伤残就业补助金。

李某在一审法院答辩称：本人于 2010 年 6 月 20 日入职诚尔信公司做保洁员，在工作期间发生工伤，诚尔信公司未为自己缴纳工伤保险，应当按照工伤待遇向自己赔偿相关损失。同意仲裁裁决结果，不同意诚尔信公司的诉讼请求。

【评析】

本案焦点在于：职工因第三人侵权，造成身体伤害，在向侵权人主张权利并获得足额赔偿后，能否获得工伤保险补偿？

最高院在 2006 年《最高人民法院关于因第三人造成工伤的职工或其亲属在获得民事赔偿后是否还可以获得工伤保险补偿问题的答复》（〔2006〕行他字第 12 号）中规定，"因第三人造成工伤的职工或其近亲属，从第三人处获得民事赔偿后，可以按照《工伤保险条例》第三十七条的规定，向工伤保险机构申请工伤保险待遇补偿"。

然而，2009 年，北京市劳动和社会保障局、北京市高级人民法院《关于劳动争议案件法律适用问题研讨会会议纪要》第三十三条规定，因第三人侵权而发生的工伤，如用人单位未为劳动者缴纳工伤保险费，应由用人单位按照《工伤保险条例》的有关规定向劳动者（或直系亲属）支付工伤保险待遇。如侵权的第三人已全额给付劳动者（或直系亲属）医疗费、交通费、残疾用具费等需凭相关票据给予一次赔偿的费用，用人单位则不必再重复给付。

在 2011 年颁布实施的《社会保险法》第四十二条中也有明确规定，即"由于第三人的原因造成工伤，第三人不支付工伤医疗费用或者无法确定第三人的，由工伤保险基金先行支付。工伤保险基金先行支付后，有权向第三人追偿"。

上述规定表明，在从侵权人处获得民事赔偿后，部分工伤保险待遇是不能得到补偿的。关于职工在获得侵权人赔偿的"误工费"后，是全额获得"停工留薪期工资"还是须扣除"误工费"的问题，因本案发生在北京，北京法院认为，李某虽然已通过民事诉讼获得侵权方支付的相关赔偿，但同时仍可依法享受工伤保险待遇，故判决诚尔信公司应向李某支付一次性伤残补助金及停工留薪费用。但是在对全国的法院判例研究中可以发现，北京市法院是没有扣除"误工费"的，而上海的法院在类似的案例中却认为二者性质相同，应当扣除"误工费"。《上海高院关于审理工伤保险赔偿与第三人侵权损害赔偿竞合案件若干问题的解答》中明确："工伤保险赔偿和侵权损害赔偿中相同并存在重复的项目主要有这样一些，即：工伤保险赔偿中的原工资福利待遇（侵权损害赔偿中的误工费）……我们认为这些项目如果重复赔偿，则违反了民法的填平原则和实际赔偿原则。故对上述项目，采取同一赔偿项目按照就高原则进行认定的方式来处理比较合理。"所以还要注意各地判决的区别。

就一次性工伤医疗补助金和伤残就业补助金而言，根据《工伤保险条例》第三十七条的规定，职工因工致残被鉴定为七级至十级伤残的，如果劳动、聘用合同期满终止，或者职工本人提出解除劳动、聘用合同的，由工伤保险基金支付一次性工伤医疗补助金，由用人单位支付一次性伤残就业补助金。本案中，李某是因本人达到法定退休年龄而与诚尔信公司终止劳动关系，并不符合《工伤保险条例》中所规定的"劳动、聘用合同期满终止或者职工本人提出解除劳动、聘用合同"的情形，故要求诚尔信公司支付一次性工伤医疗补助金和伤残就业补助金的诉讼请求缺乏依据。

最终法院判决北京诚尔信保洁有限公司支付李某2011年7月1日至2011年11月14日停工留薪期间工资、一次性伤残补助金、一次性医疗补助金。驳回劳动者其他诉求。

案例 4 −7

因企业破产引发的职工
工伤保险待遇纠纷

【案情】

杨某系某罐头厂职工，2014 年 8 月，左拇指上骨节被冲床冲掉致残。2014 年 9 月 8 日经市劳动能力鉴定委员会认定为工伤六级。当年底，罐头厂因经营不善亏损，被迫转让给某饮料厂，罐头厂全体职工带资由该饮料厂整体接收，饮料厂同时接收了职工安置费 2000 多万元，并与职工签订了劳动合同。由于该饮料厂经营状况不佳，不定期地安排杨某等部分职工待岗。2015 年 4～5 月某饮料厂每月发给杨某待岗生活费 1000 元。

【争议】

2015 年 6 月 9 日，杨某向当地劳动争议仲裁委申请仲裁，要求饮料厂为其办理因工伤致残的内退手续，按月发给伤残津贴。

劳动争议仲裁委经审理后作出仲裁裁决：某饮料厂为杨某办理因工伤致残的内退手续，从 2015 年 6 月起每月发给杨某伤残津贴 2350 元，以后随本市社会平均工资的增加作相应调整；同时，饮料厂向杨某补发 2015 年 4～5 月的伤残津贴 2700 元。

【评析】

本案例是一起典型的因企业破产引发的职工工伤保险待遇纠纷案件，关键问题在于企业转让、分立或合并后，原用人单位的工伤保险责任由谁来承担。

首先，饮料厂应当承担杨某的工伤保险待遇。《工伤保险条例》第四十三条规定："用人单位分立、合并、转让的，承继单位应当承担原用人单位的工伤保险责任；原用人单位已经参加工伤保险的，承继单位应当到当地经办机构办理工伤保险变更登记。"在一般情况下，工伤保险待遇的承担主体应当由职工工伤时的用人单位承担，但作为劳动关系一方的用人单位有时会发生变化，如单位分立、合并、改制等，在这一过程中就必须妥善解决职工的工伤保险权益的维护问题。用人单位分立、合并时应当就原单位承担职工工伤保险的问题达成协议，而不能将劳动者一味地推向社会，影响社会稳定。承继单位应当到当地社会保险经办机构办理名称、住所等变更登记，继续为职工缴纳工伤保险费，办理工伤认定、支付有关工伤待遇等。本案例中罐头厂是以带资转移形式将资产和职工整体转移给饮料厂的，此时职工的工资福利待遇不变，虽然职工与饮料厂重新签订了劳动合同，但这是原有劳动关系的延续，只是劳动合同主体的变更，并非新劳动关系的建立。根据劳动权利义务一致的原则，在一个企业全盘接收了原企业资产和职工的情况下，就应当承担原企业职工的工资福利待遇。

其次，饮料厂应当与杨某保留劳动关系，不得与其终止劳动关系。饮料厂可以根据具体情况为杨某安排工作；如果难以安排工作，则可在经杨某同意后为他办理因工伤致残的内退手续，并按月足额发给伤残抚恤金。在处理类似案例中，即经劳动能力鉴定委员会鉴定伤残达到五级至六级的，属于大部分丧失劳动能力的工伤职工，用人单位应当给予安排适当工作，这是从保护职工的合法权益角度对用人单位提出的要求。但如果用人单位难以安排工作，本人又没有提出与用人单位解除或终止劳动关系，由用人单位按月发给伤残津贴。

"难以安排工作"主要包括以下两种情况：一是工伤职工的伤残状况不适宜从事用人单位工作，用人单位因职工工伤而难以安排工作；二是非劳动者的原因，用人单位使劳动者一直处于待岗状态，如单位经营状况不好，处于濒临破产状态。《工伤保险条例》第三十六条规定了用人单位按月发给的伤残津贴标准：五级伤残为本人工资的70%，六级伤残为本人工资的60%，并由用人单位按照规定为其缴纳应缴纳的各项社会保险费。伤残津贴实际金额低于当地最低工资标准的，由用人单位补足差额。

因此，此案中劳动仲裁委的裁决是正确的，饮料厂应当为杨某办理工伤致残内退手续，并补发和按月足额发给杨某伤残津贴。

案例 4-8

伤残就业补助金如何支付

【案情】

邹某系某建筑公司职工，2012 年 8 月与公司签订了为期三年的劳动合同，2014 年 11 月 3 日，邹某在工作中从脚手架上摔下，造成腰椎压缩性骨折。邹某负伤后，经当地劳动保障部门认定为工伤，停工留薪期满，劳动能力鉴定委员会鉴定伤残等级为九级。他的工伤医疗费、工伤津贴和按九级发给的一次性伤残补助金都已按规定发放。

【争议】

2015 年 8 月劳动合同期满，邹某自愿与单位解除劳动关系，另行择业，并要求公司支付一次性伤残就业补助金。单位不同意和邹某解除劳动关系，如果邹某一定要解除，就不给付伤残就业补助金。

【评析】

本案例涉及工伤职工因劳动合同期满，终止劳动关系及伤残就业补助金如何处理的问题。

具体可参见《上海市工伤保险实施办法（2013）》第四十一条的规定："工伤人员因工致残被鉴定为七至十级伤残的，享受以下待遇：

（一）从工伤保险基金支付一次性伤残补助金，七级伤残的，为 13 个月的工伤人员本人工资；八级伤残的，为 11 个月；九级伤残的，为 9 个月；十级伤残的，为 7 个月。

（二）劳动合同期满终止，或者工伤人员本人提出解除劳动合同的，由工伤保险基金支付一次性工伤医疗补助金，由用人单位支付一次性伤残就业补助金。七级伤残的，分别为 12 个月上年度全市职工月平均工资；八级伤残的，分别为 9 个月；九级伤残的，分别为 6 个月；十级伤残的，分别为 3 个月。

　　经工伤人员本人提出与用人单位解除劳动关系，且解除劳动关系时距法定退休年龄不足 5 年的，不足年限每减少一年，全额一次性工伤医疗补助金和一次性伤残就业补助金递减 20%，但属于《劳动合同法》第三十八条规定情形的除外。"

　　本案中，邹某前期的工伤保险待遇已按政策落实，职工在生产工作中因工受伤致残，是为企业利益生产工作时造成的，企业应自始至终地承担其工伤责任。且伤残人员再就业比较困难，一旦失业，寻找到新工作的机会很小。因此工伤立法的原则是倾向于保护职工在原企业继续工作的权利。但由于种种原因，工伤职工未必都愿意继续在原企业工作，因而应允许工伤职工与原企业解除劳动关系，并规定在工伤职工终止与原企业的劳动关系时，企业应予以一定的补偿，即伤残就业补助金。一次性伤残就业补助金待遇是在 1996 年工伤保险制度改革后新增加的一项待遇，只要是在 1996 年工伤保险制度改革后终止或解除劳动关系的，就可以按照规定享受一次性伤残就业补助金待遇。因此，本案例中该建筑公司以不同意与邹某解除劳动关系为借口，拒绝给付伤残就业补助金的做法是错误的，该公司必须向邹某支付该项待遇。

案例 4 –9

建筑公司违法转包工程，法院为受伤农民工维权

【案情】

农民工黄立宏进城打工，在某建筑公司的建筑工地做工，却不幸被施工场地中的升降机坠落产生的破碎物品砸伤，造成脾、肾等器官损伤。劳动仲裁部门认定黄某致伤属于工伤，建筑公司不服裁决，向法院起诉要求撤销该工伤认定。近日，广西区平果县人民法院审结了这起劳动争议案件，依法维护了农民工的合法权益。

农民工黄立宏在某建筑公司承建的建筑工地从事建筑墙面抹灰工作，2011 年 8 月 21 日，黄立宏被工地上的升降吊篮坠落产生的破碎物品砸伤，造成脾、结肠破裂及左肾挫裂伤并住院治疗，建筑公司支付了住院期间的治疗费用。黄立宏伤愈后向平果县人事劳动和社会保障局申请工伤认定，2011 年 12 月 31 日平果县人事劳动和社会保障局作出认定，认定农民工黄立宏在某建筑公司的建筑工地上受到的事故伤害属于工伤。

另查明，某建筑公司具有建筑业企业资质证书，但其是将建筑主体的内墙抹灰工程转包给没有任何从事建筑行业工作资质的包工头何某来施工的，而农民工黄立宏受雇于包工头何某。

【争议】

建筑公司认为自己与黄某不存在劳动关系。公司将墙面抹灰工作转包给何某，而黄某是由何某雇用，与建筑公司无关，自然也不应该为黄某的受伤负责。

劳动仲裁部门则认为建筑公司非法转包，承包商招用的劳动者发生工伤的应该由转包方承担责任。

【评析】

法院审理认为，某建筑公司具有建筑企业资质证书，在建筑工程中由其自行组织实施或依法分包给他人实施施工，应当遵守有关的法律规定，建筑公司与包工头何某虽然签订有承包协议，但是违反了有关法律的规定，农民工黄立宏在包工头何某的抹灰工作队中工作，与包工头何某存在事实上的劳动关系，依照《工伤保险条例》第十四条第一款第一项"在工作时间和工作场所内，因工作原因受到事故伤害的"和《广西壮族自治区实施〈工伤保险条例〉办法》第三十三条的规定"用人单位实行承包经营，承包方属具备用工主体资格的生产经营单位的，其职工发生工伤，承包方为工伤保险责任用人单位；承包给不具备用工主体资格的组织或者自然人的，该组织或者自然人招用的劳动者发生工伤，发包方为工伤保险责任用人单位"，农民工黄立宏在某建筑公司的建筑工地上受伤属于工伤。法院依法作出判决，维持了县人事劳动和社会保障局作出的工伤认定。

案例 4 – 10

工人因工伤残，以实际工资计赔

【案情】

一工人在为矿业公司从事冶炼工作期间，因工造成九级伤残。后工人向仲裁部门申请工伤赔偿，劳动仲裁部门以工人实际领取工资计赔作出赔偿裁定。但矿业公司不服，以劳动仲裁部门没有按双方约定的月工资标准计赔各项赔偿金为由诉至法院。近日，广西钦州市钦南区人民法院判决驳回矿业公司的诉讼请求。

2013 年 4 月 1 日，广西钦州永泰矿业公司录用李华艺从事冶炼工作，双方签订书面劳动合同，合同期限为 2013 年 4 月 1 日至 2014 年 3 月 31 日，月工资为 1300 元/月。

2013 年 8 月 28 日，李华艺因工受伤，被鉴定为九级伤残。李华艺工伤前几个月实际领取的月平均工资为 1856.2 元，而不是合同定的 1300 元/月。2013 年 11 月，李华艺辞职离开公司，但公司没有对其进行任何工伤赔偿。无奈之下，2013 年 12 月 1 日，李华艺向劳动仲裁部门申请仲裁。

2014 年 1 月，钦州市劳动争议仲裁委员会以李华艺实际月领取平均工资计赔作出仲裁决定，永泰矿业公司需支付李华艺伤残九级的一次性伤残补助金 14849.6 元、工伤医疗补助金 18562 元、伤残就业补助金 14849.6 元，合计 48261.2 元。

之后，永泰矿业公司不服仲裁决定，认为仲裁部门并没有以双方约定的月工资 1300 元为标准计算一次性伤残补助金、工伤医疗补助金、伤残就业补助金。永泰矿业公司遂诉至法院，请求判令不用支付各种补偿金 48261.2 元给李华艺。

【评析】

法院认为，原告永泰矿业公司招用被告李华艺从事冶炼工作并签订书面劳动合同，双方已形成劳动法律关系，永泰矿业公司应当承担李华艺合同期间工伤保险待遇的赔偿责任。劳动仲裁部门以李华艺实际月平均工资为1856.2元计赔各项补助金，依法有据，予以支持。而原告认为仲裁部门没有按合同约定的1300元/月标准计赔各项补助金为由进行抗辩，但没有提供充分证据予以证实，其理由不成立，不予以支持。综上，依照我国《民法通则》第五条的规定，遂驳回永泰矿业有限公司的诉讼请求。

职工因工致残被鉴定为七级至十级伤残的，享受以下待遇：

（1）从工伤保险基金中按伤残等级支付一次性伤残补助金，标准为：七级伤残为13个月的本人工资，八级伤残为11个月的本人工资，九级伤残为9个月的本人工资，十级伤残为7个月的本人工资。

（2）劳动合同期满终止，或者职工本人提出解除劳动合同的，由用人单位分别按其解除或终止劳动合同时的统筹地区上年度职工月平均工资为基数，支付本人一次性工伤医疗补助金和一次性伤残就业补助金。《工伤保险条例》规定：一次性工伤医疗补助金和一次性伤残就业补助金的标准为统筹地区上年度职工月平均工资，其中七级分别为12个月，八级分别为9个月，九级分别为6个月，十级分别为3个月。

第五章

劳动关系其他内容

案例 5 - 1

怀孕女工被要求去外地上班，起诉公司要工资

【案情】

陈小姐怀孕期间，所供职的工艺品公司发出通知："公司已搬迁至外地，所有员工可选择去外地新址报到上班或多领取一个半月的工资作为经济补偿金后结束劳动关系。"陈小姐不愿意自动离职，也不愿意领取补偿，被公司认为劳动关系已经终结。陈小姐因所供职的公司在其怀孕期间让其"自愿离职"，在仲裁未处理的情况下诉至法庭，提起公司支付拖欠的工资、报销生育医疗费等诉请。日前，上海市闵行区人民法院作出陈小姐获工资、工资差额、住院医疗费和加班费计 5.9 万元的一审判决。

【争议】

陈小姐称，自己在上海一工艺品公司任业务经理，月工资 4500 元，2015 年 8 月怀孕后，9 月工资被降至 4000 元，接着，工资又被调整为 2300 元，另外，工作岗位由业务经理调换至前台，并在 12 月 18 日被逼迫辞职。公司告知，如不写辞职书的话将不发放当年 11 月、12 月的工资，且不用再上班。12 月 21 日（周一）当自己正常去上班时，发现公司大门已锁，询问获知公司已搬至他处。

工艺品公司称，2015 年 10 月 30 日，公司发布公告，告知所有员工，公司上海办事处将于当年 12 月 19 日结束，所有员工可选择去外地新址报到上班或多领取一个半月的工资作为经济补偿金后结束劳动关系。当时陈小姐要求领取工资及补偿，却拒绝签字。后因陈小姐未到外地新址报到，故双方间的劳动关系实际上已于 2015 年 12 月 30 日终止，现双方无任何关系，故不同意诉讼请求。

【评析】

根据《劳动法》及《劳动合同法》的相关规定，女职工在孕期、产期、哺乳期内的，即使劳动合同订立时所依据的客观情况发生重大变化，致使原劳动合同无法履行，经当事人协商不能就变更劳动合同达成协议的，用人单位亦不得解除与该劳动者间的劳动关系。法院认为，工艺品公司称因遇动迁问题需迁至外地，故要求全体员工至外地上班，其实质即因客观情况发生重大变化而导致原劳动合同无法履行，在此情况下，工艺品公司应与劳动者就劳动合同内容的变更进行协商。但工艺品公司未举证证明其与陈小姐就实际用工地的变更进行过协商。而即使就此事与陈小姐进行过协商，其关于已通过公告告知全体员工如未在 2015 年 12 月 30 日前至外地新址报到即视为自动离职，而陈小姐未按时报到而自当日起双方间劳动关系即告终结的主张，亦因此时陈小姐处于孕期不能成立。工艺品公司亦未举证证明此后其实施过其他解除与陈小姐间劳动关系的行为，故对工艺品公司关于双方间劳动关系已于 2015 年 12 月 30 日终结的主张不予采信，同时采信陈小姐关于双方间劳动关系至今仍存续的主张。

案例 5 - 2

假称怀孕延续合同，女职工
被判赔偿单位损失

【案情】

因假称怀孕延续到期劳动合同，日前，北京市朝阳区人民法院认定延续的劳动合同为无效劳动合同，张女士被判返还孕期工资、社会福利待遇、商业保险所得、人力资源服务费用近 10 万元。

2014 年 8 月 7 日，张女士与群胜网科技公司签订了为期一年的劳动合同。合同到期前一个月，群胜网科技公司通过电子邮件的方式通知张女士到期后不再续签。两天后，张女士回复称自己前一天经医学测试已怀孕，并附上了海淀区妇幼保健院的门诊诊断证明，证明显示张女士尿检 HCG 呈阳性。群胜网科技公司遂发出《终止劳动合同通知书》，并表示由于张女士处于"三期"（孕期、产期、哺乳期），劳动合同期限将顺延至三期期满为止。

群胜网科技公司诉称，张女士在公司担任高级销售代表职务，月工资 1.2 万元。合同到期前 1 个月，该公司通知张女士到期不再续签劳动合同，却被告知已怀孕。基于维护女职工合法权益的法律规定，明确告知将劳动合同的终止日期顺延至被告三期满为止。2016 年 9 月 16 日被告提出辞职，与公司解除了劳动关系。但此后经公司调查发现张女士直到劳动合同到期也没有怀孕，她提供的孩子出生证明也是伪造的。

2016 年 11 月 12 日，群胜网科技公司向朝阳区劳动争议仲裁委员会提起申诉，要求确认因欺诈导致的顺延劳动合同为无效合同，并返还公司于无效劳动合同期间支付的工资、社会保险、住房公积金、人事代理费、商业保险费共计 221510 元。11 月 16 日，朝阳区劳动争议仲裁委员会发出不予受理通知，群胜网科技公司不服，持与申诉请求相同的诉讼请求诉至朝阳法院。

【争议】

群胜网科技公司认为，张女士谎称怀孕欺骗公司与其续签劳动合同，劳动合同应为无效，公司因此多支付的 12 个多月的工资、社会保险、住房公积金、人事代理费、商业保险费等费用 221510 元应予返还。

张女士则表示，双方的劳动关系合法有效，不同意该公司的诉讼请求。辩称：2015 年 6 月，自己被诊断为早孕，由于其属于 38 岁的高龄产妇，不久后流产，同年发现再次怀孕，直到 2016 年 3 月 16 日开始休产前假，2016 年 6 月 19 日生一男婴。2014 年 8 月 8 日至 2016 年 9 月 16 日，张女士一直在公司工作，工资发到 2016 年 8 月。

【评析】

法院经审理认为，张女士怀孕时已是 38 岁的高龄产妇，如果其在怀孕前刚刚流产，是后续医疗必须高度关注的事实，不可能不存在任何记载或者医疗行为，庭审中张女士称两次怀孕其中曾流产没有提供任何证据，同时法院认为高危孕妇在不足 3 个月内怀孕流产再怀孕违背生活常识，其向法院陈述与事实不符。

综合双方提交的证据材料，法院认定，张女士于 2015 年 7 月 8 日告知公司其已怀孕的事实不真实，双方合同期满后张女士方才怀孕。后张女士未向公司说明，仍按照最初告知公司的怀孕时间申请休假，并故意提交与其告知公司的怀孕时间相吻合的虚假出生证明，故因张女士提供虚假事实导致延期的劳动合同为无效合同。劳动合同无效期间张女士向公司提供劳动的法律关系应为劳务关系，劳务关系中劳动者根据劳动数量领取报酬，但不享受休假和社会保险等福利待遇。关于劳动量的报酬标准法院根据双方合同确定不再调整，此劳动所得张女士无须返还。但张女士应予以返还未提供劳动期间所得工资和劳动合同无效期间原告为被告支付的社会福利待遇、商业保险所得、人力资源服务费用。

案例 5-3

劳务派遣员工发生工伤，谁来理赔

【案情】

常某是劳务派遣公司派遣至某食品公司的员工，在 2015 年 1 月下班途中遭遇车祸，经工伤部门鉴定，其所受伤害已经达到了职工工伤与职业病致残等级标准七级。常某要求劳务派遣公司、食品公司向其支付工伤待遇。劳务派遣公司以社会保险应由食品公司缴纳、《劳务派遣协议》约定由该公司支付工伤待遇为由拒绝了常某的要求。食品公司则认为常某是劳务派遣员工，是与劳务派遣公司存在劳动关系，也拒绝了常某的要求。常某于是申请劳动仲裁。

【争议】

庭审中劳务派遣公司认为，常某在食品公司工作，其工伤保险待遇应当由实际用工单位承担，对此劳务派遣协议中已经写明，劳务派遣公司只是形式上的用人单位，根据谁用工谁负责的原则，对发生工伤的员工不应当承担赔偿责任。

而食品公司则认为，确认工伤的前提是存在劳动关系，食品公司作为用工单位与常某不存在劳动关系，而支付工伤待遇是劳动关系所在单位应尽的义务，食品公司之所以要用劳务派遣就是为了降低用工的风险，要是由实际用工单位承担责任完全失去了劳务派遣的意义。

【评析】

仲裁委经审理后认为，按照法律规定，劳务派遣公司属于用人单位，常某的社会保险应由用人单位也就是劳务派遣公司为其缴纳，因未缴纳社会保险造成的工伤待遇损失应由劳务派遣公司承担，而食品公司则属于用工单位，《劳动合同法》规定，用工单位应当履行支付加班工资、绩效奖金以及与工作岗位相关福利待遇的义务，同时按法律规定，食品公司作为用工单位，承担工伤保险待遇的相关连带赔偿责任。

本案带出的问题是，劳务派遣员工出现工伤谁来负责？

劳务派遣是一种非常规的用工形式，它将原本简单明了的劳动者与用人单位双方之间的关系人为地变成复杂的三方关系，即由劳务派遣公司与劳动者建立劳动关系，然后将劳动者派到实际用工单位接受管理，从事具体工作，这样就把原本应当统一的用人和用工关系分离了出来，变成了所谓的"用人的不用工，用工的不用人"。一些单位更是把劳务派遣作为一种降低风险和成本的方式而大量使用，大有泛滥之势，而劳动者的利益因劳务派遣而得不到很好的保障，尤其是在发生工伤时，派遣单位与用工单位相互推诿，让劳动者无所适从。

正是因为有以上弊端，《劳动合同法》专门针对劳务派遣做了特别的规定，规定只能在三种情形下才能使用派遣员工，即在临时性、辅助性、替代性的岗位上使用。2013 年《劳动合同法》修订时对此又进行了补充和完善，提高劳务派遣公司的门槛，对三性做了明确定义。随后不久，人社部《劳务派遣暂行规定》又对劳务派遣的用工人数作了限制，不能超过用工总数的10%；并且对劳务派遣中发生工伤、职业病后的处理作了规定，被派遣劳动者在用工单位因工作遭受事故伤害的，劳务派遣单位应当依法申请工伤认定，用工单位应当协助工伤认定的调查核实工作。劳务派遣单位承担工伤保险责任，但可以与用工单位约定补偿办法。以上规定从法律的层面，明确了工伤的认定主体及用工单位和劳务派遣单位的责任，避免在员工利益受侵害时发生推诿扯皮现象。

而对于劳务派遣中连带赔偿责任的承担，《劳动合同法》第九十二条规定，用工单位给被派遣劳动者造成损害的，劳务派遣单位与用工单位承担连带赔偿责任。据此来看，用工单位会在两种情况下承担连带赔偿责任：一是在劳务派遣中存在过错，并且该过错与劳动者的损害结果之间存在因果关系；二是一旦劳务派遣公司不能足额支付劳动者相关待遇时，劳动者可以要求用工单位支付。本案中，如果劳务派遣公司不执行裁决结果，常某可以向人民法院申请强制执行，在申请时既可以把劳务派遣公司作为被执行人，也可以把食品公司作为被执行人，谁有偿还能力就让谁做被执行人，多了一个选择更有利于保护常某的合法权益。连带责任的设立就是法律对于劳务派遣工的一项特殊保护措施。

案例 5－4

未成年工不服从调岗被辞退引发争议

【案情】

小王 16 岁初中毕业后被某工厂录用为车间流水线工人，与厂方签订了为期两年的劳动合同。不到一年，因效益滑坡，厂方的流水线车间暂时停止开工，工厂方面将小王调到矿山井下工作，但被小王拒绝。之后，厂方又安排小王从事锅炉房的司炉工，又被小王拒绝。厂方认为小王两次不服从工作安排，决定将其辞退，向小王送达了解除劳动合同通知书。

小王不服，于是一纸诉至仲裁委，要求撤销厂方的辞退决定，继续履行原劳动合同，并另行安排合适的工作。

【争议】

厂方在庭审中辩称，因企业效益大幅滑坡，工作岗位发生了变化，小王的原工作岗位不复存在，这属于客观情况发生重大变化，本意是想双方协商解除劳动合同，后出于人情考虑，决定继续聘用小王，给予其两次换岗，但没想到小王不领情，厂方无奈之下，才提出解除劳动合同。

小王则认为厂方安排的工作岗位不适合自己，其本人并无过错，厂方解除合同没有道理，要求撤销用人单位的辞退决定，继续履行原劳动合同，并另行安排合适的工作。

【评析】

本案的争议焦点是：厂方两次调岗是否合法，厂方辞退小王是否合法。

因客观情况发生变化使得小王的工作岗位不复存在，厂方调整其工作岗位并无不当，但小王未满 18 岁，属于未成年工，《劳动法》第六十四条规定："不得安排未成年工从事矿山井下、有毒有害、国家规定的第四级体力劳动强度的劳动和其他禁忌从事的劳动。"按照《劳动法》的规定，未成年工应受到特殊保护，其工作的岗位和场所是受限制的，即不能从事国家禁止未成年工从事的劳动岗位。厂方第一次安排小王下井工作及第二次安排小王到锅炉房从事司炉工作，都属于法律规定限制未成年工从事的工作场所和工作岗位，这些工作可能会对其生命安全和身体健康造成危害，小王拒绝厂方的工作安排是法律赋予小王的合法权利，并不属于不服从厂方的调动安排。因此小王拒绝厂方的调岗行为是合法、合理的，厂方应按法律规定另行安排适合小王的工作岗位。

因此，仲裁委认为，小王有权拒绝厂方安排的未成年工禁止从事的劳动岗位，在仲裁委的调解下，小王与厂方达成调解协议，厂方撤销解除劳动合同通知，恢复双方劳动关系，重新为小王安排适宜的工作。

本案对用人单位的警示是：用人单位尽量不要招聘未成年员工。当因特殊情况必须招聘时，一定要根据法律法规的规定给予未成年工应有的保护，不得安排未成年工从事法律法规禁止的劳动岗位，否则，一旦发生争议将得不到法律的支持。

案例 5-5

劳动合同的约定不能损害未成年工权利

【案情】

2014 年 5 月，已满 16 周岁的小张被某市时兴宾馆录用。

宾馆与小张签订了为期三年的劳动合同，约定小张的工作岗位是宾馆锅炉房司炉，合同约定试用期 3 个月，试用期工资每月 2800 元，试用期满转正后的工资是每月 3500 元。

小张上班后，发现锅炉房司炉工作比较清闲，也就很满意这份工作。但到了 10 月，宾馆开始向房间供暖，小张的工作量就非常大，每天为烧锅炉需要用推车推运 50 多车煤，工作一天下来感到精疲力竭，身体吃不消。

小张就此向宾馆有关领导要求增加人手或予以调换工作岗位，而有关负责人却以劳动合同中明确约定了小张的工作岗位为由拒绝了小张的请求。

为此双方发生了争议，在协商不成的情况下，小张在法律援助中心的帮助下向当地劳动争议仲裁委员会申请仲裁，请求宾馆为自己调换适当的工作岗位。

劳动争议仲裁委员会受理并核查事实后，裁决宾馆立即为小张调换适当工作岗位。

【评析】

本案涉及的主要法律问题有：①时兴宾馆安排未成年工小张从事锅炉房司炉工作是否违反了法律？法规关于未成年工禁忌劳动范围的规定是怎样的？②小张上岗之前宾馆是否应对其进行健康检查？③宾馆使用未成年工小张应否到当地劳动行政部门办理登记？

首先，《劳动法》规定：国家对未成年工实行特殊保护，未成年工是指年满 16 周岁未满 18 周岁的劳动者。

《劳动法》第六十四条规定：不得安排未成年工从事矿山井下、有毒有害、国家规定的第四级体力劳动强度的劳动和其他禁忌从事的劳动。虽然本条未明确"锅炉司炉"是否属于未成年工禁忌劳动的范围，但 1994 年 12 月 9 日原劳动部发布的《未成年工特殊保护规定》中明确规定，禁止未成年工从事锅炉司炉工作。因此，时兴宾馆安排小张从事锅炉房司炉工作明显违反了法律、法规关于未成年工禁忌劳动范围规定。

其次，《未成年工特殊保护规定》第六条规定："用人单位应按下列要求对未成年工定期进行健康检查：（一）安排工作岗位之前；（二）工作满 1 年；（三）年满 18 周岁，距前一次体检时间已超过半年。"

第八条规定："用人单位应根据未成年工的健康检查结果安排其从事适合的劳动，对不能胜任原劳动岗位的，应根据医务部门的证明，予以减轻劳动量或安排其他劳动。"

小张上岗之前时兴宾馆未对其进行健康检查，也违反了有关规定。

《劳动法》第十条规定：未成年工体检费用由用人单位承担。

可见，对未成年工，用人单位有义务对其进行上岗前健康检查，以确保未成年工的身心健康。

最后，国家为了实行对未成年工的特殊劳动保护，对使用未成年工实行登记制度。《未成年工特殊保护规定》第九条规定："对未成年工的使用和特殊保护实行登记制度。"具体内容是：用人单位招收使用未成年工，除符合一般用工要件外，还须到所在地的县级以上劳动保障行政部门办理登记。劳动保障行政部门根据《未成年工健康检查表》《未成年工登记表》，核发《未成年工登记证》；各级劳动保障行政部门根据《未成年工特殊保护规定》的有关规定，审核体检情况和拟安排的劳动范围。未成年工须持《未成年工登记证》上岗。

显然，本案中的时兴宾馆使用未成年工小张未到当地劳动部门办理登记，违反了未成年工特殊劳动保护的有关规定。

基于上述分析，时兴宾馆除应执行劳动仲裁委员会的裁决，为未成年工小张调换适当工作岗位外，还应按规定对小张进行体检以保证其身体健康，并为使用小张补办登记手续，否则要承担相应的法律责任。

那么，对未成年工要进行哪些特殊保护？

1. 未成年工禁忌的劳动范围

根据《劳动法》规定，未成年工是指已满 16 周岁未满 18 周岁的劳动者。由于未成年工处于特殊的生长发育年龄，身体还处于成长发育的时期，同时也正是学习文化接受知识的黄金年龄，没有从事某些工作所需的体力和心理素质，因此，法律对未成年工的特殊保护非常有必要。

我国《未成年人保护法》第二十八条规定："任何组织和个人不得招用未满 16 周岁的未成年人，国家另有规定的除外。任何组织和个人依照国家有关规定招收已满 16 周岁未满 18 周岁的未成年人的，应当在工种、劳动时间、劳动强度和保护措施等方面执行国家有关规定，不得安排其从事过重、有毒、有害的劳动或者危险作业。"

《劳动法》第六十四条规定："不得安排未成年工从事矿山井下、有毒有害、国家规定的第四级体力劳动强度的劳动和其他禁忌从事的劳动。"《未成年工特殊保护规定》第三条列举了 17 种未成年工不得从事工作的内容。

2. 对未成年工进行定期健康检查

用人单位对未成年工进行定期的健康检查，有利于未成年人的健康发育，使其免受职业侵害，同时也是用人单位为未成年工安排工作岗位的重要依据。

《劳动法》第六十五条规定：用人单位应当对未成年工定期进行健康检查。《未成年工特殊保护规定》规定：用人单位应按下列要求对未成年工进行定期健康检查：①安排工作岗位之前；②工作满 1 年；③年满 18 周岁，距前次的体检时间已超过半年。

体检发现未成年工不适宜从事原工作的，用人单位应为未成年工调换适宜的工作岗位；未成年工身体健康受到损害的，用人单位应当为其治疗。用人单位不仅要对未成年工健康检查事宜进行全面的安排，而且所涉及的所有费用支出都应由用人单位承担。未成年工在规定的健康检查期间应算作工作时间，用人单位不得克扣工资。

3. 对未成年工使用的保护登记制度

《未成年工特殊保护规定》第九条规定：用人单位招收使用未成年工除符合一般用工要求外，还要到所在地的县级以上劳动行政部门办理登记。劳动行政部门根据《未成年工健康检查表》《未成年工登记表》核发《未成年工登记证》。未成年工须持《未成年工登记证》上岗。未成年工上岗前用人单位应对其进行有关的职业安全卫生教育、培训；未成年工的体检和登记，由用人单位统一办理和承担费用。

4. 法律责任

《劳动法》第九十五条规定：用人单位违反劳动法对未成年工保护的规定，侵害未成年工合法权益的，由劳动行政部门责令改正，处以罚款；对未成年工造成损害的，应当承担赔偿责任。

案例 5-6

劳动合同与规章制度不一致如何适用

【案情】

2014 年 10 月 31 日，袁某加入了一家外资公司，签订了一份为期一年的劳动合同，双方在合同中约定每年 10 月初要进行绩效考核，公司根据考核结果发放年终奖。2014 年 12 月 30 日，公司在公告栏中公示，从 2015 年起年终奖按照年度进行发放，而不是依据考核结果发放，在当年度 12 月 31 日在本公司工作满一整年的，以年底双薪作为奖励。2015 年 9 月 30 日，公司通知袁某双方的劳动合同将于 2015 年 10 月 30 日到期，并且公司不再与其续签合同。2015 年 10 月初，袁某绩效考核合格，不过按照公司的新规定，公司将不再支付袁某的年终奖。袁某离职后向当地仲裁委提起劳动仲裁，要求公司按照劳动合同的约定支付年终奖。

【争议】

袁某认为在双方订立的书面劳动合同中，明确约定了他的工作岗位以及工资、奖金支付方式，且双方订立的劳动合同均是双方的真实意思表示，合同的内容也符合法律规定，因此该劳动合同合法有效，对双方均有法律约束力，双方都应按照劳动合同的约定严格履行。

公司则认为新的规章制度经过了公示，已经生效，袁某作为公司的员工理应服从管理。2015 年袁某在公司工作不满一年，且不再按照考核结果发放，根据规章制度袁某不能得到年终奖。

【评析】

用人单位的劳动规章制度是对劳资双方权利义务都具有重大影响的行为规范，是用人单位组织社会化生产所必需的制度；劳动合同是企业与劳动者确立劳动关系，明确双方权利义务的依据，与劳动规章制度一样，都具有约束劳动关系双方的法律效力。

有些企业将关乎劳动者切身利益的基本内容都写入劳动合同中，造成劳动合同包含了劳动规章制度，劳动规章制度附属于劳动合同的情形，但是由于劳动规章制度本身可能存在和劳动合同相抵触的内容，会产生判定劳动规章制度和劳动合同效力孰高孰低的问题。

2006 年最高人民法院出台的《关于审理劳动争议案件适用法律若干问题的解释（二）》（以下简称《解释（二）》）第十六条规定："用人单位制定的内部规章制度与集体合同或者劳动合同约定的内容不一致，劳动者请求优先适用合同约定的，人民法院应予支持。"对此规定存在着不同的理解。一般认为，劳动合同作为个别员工与用人单位劳动关系的规范，比作为统一调整劳动关系的劳动规章制度效力高。

而第十六条虽然规定了劳动合同效力高于劳动规章制度，但这是从尊重劳动者选择权的角度作出的，并没有客观地评判劳动合同和劳动规章制度的效力高低问题。在劳动者没有主张优先适用劳动合同的请求权时，并不能得出规章制度效力必然高于劳动合同的结论。

我国《劳动合同法》第四条规定，用人单位在制定直接涉及劳动者切身利益的劳动规章制度时，应当经过职工代表大会或者全体职工讨论，提出方案和意见，与工会或者职工代表平等协商确定。在劳动规章制度实施过程中，工会或者职工认为有不适当之处，有权向用人单位提出，通过协商予以修改完善，劳动规章制度的制定程序已和集体合同非常接近。如果按照集体合同的效力高于劳动合同的法律原则，劳动规章制度的效力是否就高于劳动合同？普遍认为，对于劳动规章制度和劳动合同的效力关系，应当结合相应的制度背景和现实中存在的问题进行梳理。劳动规章制度虽然是调整用人单位内部劳动关系的重要规范依据，用人单位甚至可据其解约，但是其效力一般情况下仍不能高过劳动合同。理由如下：

（1）认为劳动规章制度效力高于劳动合同的理论基础是认为前者属于法律规范，法律规定效力普遍高于合同约定。实际上，如上文所述，劳动规章制度的性质仅仅是定型化契约或称格式合同，至多只能说是处于与劳动合同并列的地位，因此劳动规章制度并不具有高于劳动合同的效力。

（2）我国许多企业在用工过程中，大量存在职工参与企业管理渠道不畅的问题。在制定劳动规章制度方面，职工要么不知情，要么知情后迫于就业压力敢怒不敢言。劳动合同虽然在表达劳动者意愿方面与我们的理想存在一些差距，例如雇主利用格式合同缔约等，但是劳动者在订立劳动合同中的意思表达渠道相对开放，至少具有自主决定是否与雇主缔约的权利。

（3）从效力发生的根据来看，劳动合同的订立是劳动关系成立的重要表征，只有建立了劳动关系，才会继而出现对劳动者适用劳动规章制度的问题。为防止用人单位片面削减劳动者在劳动合同中的既得权利，应不允许用人单位单方面变更的劳动规章制度凌驾于劳动合同之上。

（4）从违约赔偿请求权角度看，因严重违反劳动规章制度而解约，应该属于比较极端的情形；违反劳动规章制度但不构成严重程度的情形，尚不能导致劳动合同解除。工作规则是雇主的片面规定，因此从法律效力的位阶上，劳动合同应高于劳动规章制度。

综上所述，判断劳动规章制度与劳动合同的效力要贯彻"劳动合同优先原则"和"有利原则"。首先，一般情况下，劳动合同效力高于劳动规章制度，这是首要的规则；其次，倾斜保护劳动者利益的"有利原则"是劳动法的基本原则，如果劳动规章制度的内容对劳动者更有利，宜优先适用劳动规章制度。

案例 5 - 7

员工短信请假无回复视为
旷工被开除

【案情】

某员工用短信方式向单位请了几天事假，却被单位以无故旷工为由开除，双方因此闹上了法庭。最终，北京市东城区人民法院对这起案件作出了一审判决。

本案的被告刘女士于 2011 年 9 月 14 日到原告农加农公司工作，9 月 22 日双方签订劳动合同，合同约定刘女士的试用期为两个月，工作岗位为销售部副经理。

2011 年 9 月 26 日早，刘女士以短信形式向部门经理请假，短信内容为："吴经理，我生病了，今天不能过去了。"部门经理随即短信回复："你的那些东西放哪了？"同日下午，刘女士再次向部门经理发短信请假，称自己家里有急事，最快要 10 月 8 日回来上班，但部门经理未作回复。2011 年 9 月 30 日，农加农公司以刘女士连续旷工 3 天为由将其辞退，并扣发了刘女士 2011 年 9 月 14～26 日的工资。

解除劳动合同后，刘女士向北京市东城区劳动争议仲裁委员会申诉，2012 年 5 月 31 日，北京市东城区劳动争议仲裁委员会作出裁决，裁决农加农公司向刘女士支付其未领取的 2011 年 9 月 14～26 日工资 1839.08 元。农加农公司不服，将刘女士诉至法院，要求不支付刘女士工资 1839.08 元。刘女士亦不服仲裁裁决，要求公司不仅要支付拖欠自己的工资，还要返还自己为公司垫付的办公费用 16 元，经济补偿金 4000 元，并向自己赔礼道歉。

【争议】

刘女士认为部门经理未回复自己的请假短信，应视为批准了自己的请假，公司无故将自己辞退于法无据。

公司则认为对于刘女士的请假并未作出批准的答复，刘女士在此情况下擅自不来工作已经构成了旷工，应该予以辞退。

【评析】

首先双方争议的焦点是刘女士是否履行了请假手续,公司能否解除双方劳动合同。

刘女士于 2011 年 9 月 14 日到农加农公司工作,在双方约定的试用期内即 2011 年 9 月 27 日至 9 月 30 日,刘女士因故未到公司上班,刘女士称其向部门经理请假,对方未回复,视为默许,但此种意见缺乏依据。根据法律规定,"试用期内,劳动者不符合录用条件或者严重违反用人单位规章制度的,用人单位可以解除劳动合同",故农加农公司据此解除与刘女士的劳动合同并无不妥。

对农加农公司以此为由拒不支付刘女士 2011 年 9 月 14 日至 9 月 26 日的工资,理由不足,不予支持。刘女士反诉要求农加农支付拖欠工资,理由正当,予以支持,但要求农加农公司支付解除劳动合同经济补偿金、报销垫付办公费及赔礼道歉,证据不足,缺乏法律依据。最终,法院依法判决农加农公司向刘女士支付工资 1839 元,驳回双方其他诉讼请求。

案例 5 - 8

服务期约定是否合法有效

【案情】

小王于2015年1月被本市一家合资公司录用，从事销售工作，双方签订为期五年的劳动合同。

2015年2月该企业欲开拓国外业务，得知俄罗斯要举办《2015年第十届俄罗斯专业国际管道展览会》，决定派遣小王等3名员工参加此次展览会。去参展前，企业认为这是由公司出资的一项业务内容，去参展的人员回来后，应当把参展的内容及一些技术信息带回来应用到生产上，所以企业与小王签订了一份《服务期协议》，协议约定：为提高乙方（小王）工作能力、业务技能，作为长期人力资源投资，甲方（企业）决定给予乙方一次出国参加展会的机会，作为一次特殊待遇，为此达成本服务期协议。协议内容为：甲方安排乙方于2015年4月14日至4月18日去俄罗斯参加展览会，参加此展览会甲方投入展会费、布展费、运输费、差旅费等全部费用；乙方在享受此次特殊待遇后，必须为甲方服务满48个月，如在服务期内乙方因个人原因单方解除劳动关系或乙方严重失职或违反规章制度被甲方辞退，乙方必须向甲方作出损害赔偿，并支付违约金（实赔违约金＝违约金总额÷总服务月限×未服务月限）。俄罗斯展览会结束一个多月后，2015年5月30日，小王因个人原因提出辞职，企业认为小王的行为违反了双方的《服务期协议》的约定，在同意小王辞职的基础上，提出小王应向企业支付违约金，未果，企业便向所在地的区劳动仲裁委员会提请仲裁，仲裁委员会依法予以受理。

【争议】

企业认为：既然双方签订了协议，就应该履行。公司派遣小王赴俄罗斯参加展览会提高了他的业务能力，掌握了很多技术信息，并且此次参展公司共花费摊位费、报名费、食宿费、注册保险及公共宣传费、会场布展费、展品运输费11万多元，人均费用3万多元，小王应按照《服务期协议》的约定，按未服务的期限支付违约金。

小王则辩称：当时因去参加展会确实与企业签订了《服务期协议》，回来后已将所有的信息都反馈给公司并做了很多工作，还开拓了新的业务渠道，公司由此也得到了很大的利润，自己并没有给公司造成损失，所以不同意支付违约金。

【评析】

本案争议的焦点是：因出国参加展览会签订的《服务期协议》，劳动者违约后可否作为索赔依据？

根据《劳动合同法》第二十二条规定："用人单位为劳动者提供专项培训费用，对其进行专业技术培训的，可以与该劳动者订立协议，约定服务期。"也就是说，约定服务期的前提是用人单位为劳动者提供了出资培训，而且是对业务进行的专项培训，由此用人单位有权利要求与劳动者签订服务期协议，旨在培训结束后，劳动者在一定时间为用人单位尽其义务创造价值，可根据培训时间的长短、培训费用的多少、培训专业的精尖程度来确定服务期的长短。

本案中，用人单位派小王出国参加展会，属于信息交流和信息推广类型的活动，并未出资为小王提供专业技术培训，这不是法律意义上的专项培训。劳动仲裁委审理中认为：《服务期协议》是企业为委派小王赴俄罗斯参加展览会而签订，此《服务期协议》不符合法律规定，最后依法作出裁决，对企业要求小王支付违约金的请求不予支持。

发生此类争议实属用人单位对法律条款的不完全理解，在张冠李戴的概念下签订《服务期协议》，最终因不合法而无效。

实际上企业对于什么样的培训属于专业技术培训可能有不少误解，很多企业把员工的入职培训、安全培训、岗前培训等都定义成专业技术培训而约定服务期和违约金，一旦员工离职即要求支付违约金，而从性质上分析，这些培训却都是工作所必需的前提条件，是用人单位必须承担的义务。《劳动法》第六十八条规定："用人单位应当建立职业培训制度，按照国家规定提取和使用职业培训经费，根据本单位实际，有计划地对劳动者进行职业培训。从事技术工种的劳动者，上岗前必须经过培训。"因而此类培训不能作为专项培训而约定服务期，即使约定也是无效约定。专项技术培训通常指单位出资，用于提高劳动者工作技能和知识的培训，同时，根据《劳动合同法实施条例》第十六条的规定，出资提供这类培训还应当取得正式的支付凭证。

案例 5 – 9

竞业限制协议是否有效

【案情】

2015年2月6日，孙某与浙江某市A科技信息有限公司（以下简称A公司）签订劳动合同，孙某担任该公司技术研发部主管职务，主持研发X网络产品，每月工资1万元，合同期限两年。同时双方另行签订保密及竞业限制协议，该协议约定：孙某在A公司工作期间及离职后两年内，必须保守X网络产品的技术信息和经营信息等商业秘密；同时，孙某在离开A公司后的两年内不得自己或者为他人从事与X网络产品的技术信息和经营信息相关的业务；A公司在孙某在职期间每月的工资中增加3000元作为竞业限制经济补偿；如孙某违反双方约定，孙某应向A公司支付违约金50000元。2015年11月初，孙某因个人原因辞职。A公司为孙某办理了退工手续。同月底，孙某来到A公司的X网络产品客户——B销售公司工作，担任该公司技术部经理一职，负责维护X网络产品。A公司得知后，认为孙某违反了双方签订的保密及竞业限制协议，向当地劳动争议仲裁委员会提出申请，要求孙某支付竞业限制违约金50000元。

【争议】

公司认为，既然孙某与公司间签订了保密及竞业限制协议，且孙某违反了该协议，理所应当支付竞业限制违约金。

孙某认为，自己与公司之间签订的保密及竞业限制协议中所定的竞业限制经济补偿是随工资发放的，不符合《劳动合同法》中的相关规定，因而该协议无效，自己不应支付竞业限制违约金。

【评析】

双方争议的焦点主要涉及两个问题：一是双方签订的保密及竞业限制协议是否合法；二是B销售公司是否属于与A公司"生产或者经营同类产品、

从事同类业务的有竞争关系的其他用人单位"。

第一个问题的焦点是双方签订的保密及竞业限制协议是否合法，明确地说，是否符合《劳动合同法》第二十三条第二款的规定："对负有保密义务的劳动者，用人单位可以在劳动合同或者保密协议中与劳动者约定竞业限制条款，并约定在解除或者终止劳动合同后，在竞业限制期限内按月给予劳动者经济补偿。劳动者违反竞业限制约定的，应当按照约定向用人单位支付违约金。"法律规定是离职后按月支付经济补偿，而单位的做法是在职期间包含在工资内补偿，这种做法有悖于法律规定。之所以规定要采用按月补偿而不是其他方式，就是考虑到在职期间劳动者有正常收入，无须额外补偿，而一旦离职，由于受到竞业限制的影响，不能够发挥自己的特长找到合适的工作，有时候甚至找不到工作，在这种情况下应当给予一定的经济补偿以保障劳动者的生活。另外，考虑到一些单位有可能利用自己的优势地位，在原本给予劳动者的工资中特意划出一部分作为名义上的竞业限制经济补偿，就尤其不公平了。即便是单位真的在就职期间额外给了员工补偿，也是不合理的。想象一下极端的情况，假定劳动者工作了一个月就离职，只拿到一个月的竞业限制补偿，而离职后单位不再补贴，却要劳动者遵守长达两年的竞业限制约定，一旦违反还要支付高额违约金，这明显是排除劳动者权利、免除单位义务的做法。有意见认为劳动者离职是自己违反劳动合同的期限约定，所以这个损失应当自担，对于这种观点更不敢苟同，法律赋予了每个劳动者自由离职的权利，因而劳动者主动离职并不是过失而是权利，这个法定权利不受竞业限制的影响。如果单位规定只在就职期间随工资发放支付补偿，一旦离职即不再支付，无疑是施加压力，变相逼迫劳动者不敢离职，客观上剥夺了法律赋予劳动者的离职权。

根据 2013 年 2 月实行的最高院《关于审理劳动争议案件适用法律若干问题的解释四》第八条的规定："当事人在劳动合同或者保密协议中约定了竞业限制和经济补偿，劳动合同解除或者终止后，因用人单位的原因导致三个月未支付经济补偿，劳动者请求解除竞业限制约定的，人民法院应予支持。"因此对于用人单位离职后未支付经济补偿金的情形，只要达到三个月的，劳动者就有权解除竞业限制协议并不支付违约金。但是在本案中很遗憾地看到，孙某当月初离职，月底就进入同类业务性质的单位工作，不符合法定的三个月期限的条件，所以尽管单位没有支付经济补偿金，仍然可以认定孙某违反了竞业限制协议的约定。

至于双方约定的每月 3000 元的竞业限制经济补偿和 50000 元的竞业限制违约金是否合理合法，从《劳动合同法》和《劳动合同法实施条例》来看，均未对竞业限制经济补偿和竞业限制违约金作出规定。

第二个问题的焦点是关于 B 销售公司是否属于与 A 公司"生产或者经营同类产品、从事同类业务的有竞争关系的其他用人单位"。《劳动合同法》第二十四条第一款规定："竞业限制的范围、地域、期限由用人单位与劳动者约定，竞业限制的约定不得违反法律、法规的规定。"第二款规定："在解除或者终止劳动合同后，前款规定的人员到与本单位生产或者经营同类产品、从事同类业务的有竞争关系的其他用人单位，或者自己开业生产或者经营同类产品、从事同类业务的竞业限制期限，不得超过两年。"按照对《劳动合同法》第二十四条第一款的理解，竞业限制的范围由双方约定，而第二十四条第二款明确是同类竞争关系的单位。本案中，尽管 B 销售公司不属于与 A 公司"生产或者经营同类产品、从事同类业务的有竞争关系的其他用人单位"，但由于孙某担任的是技术经理，从事的还是 X 网络产品的维护，因此，属于在竞业限制范围内从事相应的工作，应承担相应的法律责任。

基于以上分析，仲裁委认为，孙某应当按照协议约定支付 A 公司竞业限制违约金 50000 元。

案例 5 – 10

劳动争议纠纷超过时效被驳回

【案情】

申诉时效已过，仲裁机关作出不予受理裁决，李某不服仲裁裁决向法院提起诉讼。近日，江西省吉安市吉州区人民法院就一起劳动争议纠纷案作出一审判决，驳回原告的诉讼请求。

一审查明，原告李某在2013年4月2日开始供职于某公司，试用期为2个月，试用期满后，公司一直未与原告签订书面劳动合同，但双方一直存在事实劳动关系。2014年2月公司停发原告工资，3月底原告得知后，便电话询问公司老总，老总告诉原告不要来上班了，双方解除劳动关系。2014年7月23日，原告书面传真一份文件要求公司补发工资、奖金等各项损失共计13645元，但公司一直未给予补偿。于是，2015年10月13日，原告便向仲裁部门申请仲裁，要求补发工资、补缴社会保险、补偿一个月的工资和未签订劳动合同的两倍工资等。10月14日，仲裁委员会以原告申请超过仲裁申诉时效为由决定不予受理。原告不服，遂诉至法院。

【争议】

原告认为，2个月试用期满后，公司一直未与其签订书面劳动合同，但实际上双方一直存在事实劳动关系。公司擅自解除劳动合同给原告造成了经济损失，应当给予补偿共计11850元。

被告认为，公司未收到原告的传真，原告也未向公司主张过权利，且原告申请劳动仲裁经仲裁委员会裁决，以原告超过申诉时效为由不予受理，要求法院驳回原告的诉讼请求。

【评析】

《中华人民共和国劳动争议调解仲裁法》第二十七条规定：

"劳动争议申请仲裁的时效期间为一年。仲裁时效期间从当事人知道或者应当知道其权利被侵害之日起计算。

前款规定的仲裁时效，因当事人一方向对方当事人主张权利，或者向有关部门请求权利救济，或者对方当事人同意履行义务而中断。从中断时起，仲裁时效期间重新计算。

因不可抗力或者有其他正当理由，当事人不能在本条第一款规定的仲裁时效期间申请仲裁的，仲裁时效中止。从中止时效的原因消除之日起，仲裁时效期间继续计算。

劳动关系存续期间因拖欠劳动报酬发生争议的，劳动者申请仲裁不受本条第一款规定的仲裁时效期间的限制；但是，劳动关系终止的，应当自劳动关系终止之日起一年内提出。"

一审法院认为：此案原告在 2014 年 3 月底时知道其被解除劳动关系、其权利受到侵害，仲裁时效时间应从此时开始计算。同年 7 月 23 日原告又向公司主张过工资、奖金等补偿，仲裁时效中断，仲裁时效应从该日之后重新计算。原告称之后多次打电话要求公司支付各项补偿但并未提供相关证据支持，故对此不予认定。原告本应从 2014 年 7 月 23 日起一年内提起仲裁，但其直至 2015 年 10 月 13 日才提起仲裁，其申请确已超过仲裁时效。